本书由华南农业大学经济管理学院发展基金资助

经济管理学术文库·经济类

农村基础设施对农业全要素
生产率的影响研究

A Study on the Impact of Rural Infrastructure on
Agricultural Total Factor Productivity

李宗璋／著

经济管理出版社
ECONOMY & MANAGEMENT PUBLISHING HOUSE

图书在版编目（CIP）数据

农村基础设施对农业全要素生产率的影响研究/李宗璋著 . —北京：经济管理出版社，2020. 11

ISBN 978 - 7 - 5096 - 7219 - 8

Ⅰ. ①农… Ⅱ. ①李… Ⅲ. ①农村—基础设施建设—影响—农业生产—全要素生产率—研究—中国 Ⅳ. ①F323 ②F323. 5

中国版本图书馆 CIP 数据核字（2020）第 244990 号

组稿编辑：郭　飞
责任编辑：杜　菲
责任印制：黄章平
责任校对：董杉珊

出版发行：经济管理出版社
　　　　　（北京市海淀区北蜂窝 8 号中雅大厦 A 座 11 层　100038）
网　　　址：www. E - mp. com. cn
电　　　话：(010) 51915602
印　　　刷：北京玺诚印务有限公司
经　　　销：新华书店
开　　　本：720mm × 1000mm/16
印　　　张：13. 25
字　　　数：223 千字
版　　　次：2020 年 11 月第 1 版　　2020 年 11 月第 1 次印刷
书　　　号：ISBN 978 - 7 - 5096 - 7219 - 8
定　　　价：88. 00 元

序

改革开放以来，我国农业发展取得了举世瞩目的成就。中国农业的高速发展不仅为发展中国家提供了成功经验，也成为国内外学术界关注的热点问题。面临复杂多变的国际国内形势、日益恶化的自然气候条件和环境生态压力，中国农业如何提升发展质量，实现由农业大国向农业强国的转变已经成为中国农业发展的重要议题。

作者以探索中国农业持续发展动力之源为己任，在经济增长理论和公共投资理论的指导下，围绕农村基础设施和农业全要素生产率两个主题对现有文献进行了系统梳理，总结了主流研究结论，指出现有研究对于农村基础设施对农业全要素生产率的作用及其传导机制的研究还较缺乏，有关农村基础设施建设成效的研究主要集中在增加农业产出、降低生产成本、促进农业结构调整和脱贫解困等方面，而从农业全要素生产率的角度考察农村基础设施的农业增长效应的研究尚较鲜见。

正是在这种背景下，作者在攻读金融工程与经济发展方向博士学位期间，选取农村基础设施对农业全要素生产率的影响为课题进行了潜心研究。在博士学位论文的基础上，作者结合近年来我国农业经济发展的实践，对研究课题涉及的内容作了大量的充实和完善。该书是作者长期不断深入研究的成果积累，更是对我国农业经济发展理论新的突破。

探讨农村基础设施对农业全要素生产率的影响是一项具有理论意义和实践价值的课题。这一研究课题需要解答：在我国，农村基础设施对农业全要素生产率的推动效应是否显著？这种效应在地区之间是否存在显著差异？农村基础设施对农业增长的影响效应受到哪些因素的制约？公共政策和制度环境对农村基础设施的建设成效有何影响？

为此，作者在把握农村基础设施对农业全要素生产率传导路径的基础上，运用实证研究方法对农村基础设施对农业全要素生产率、农业技术进步、农业技术效率的影响效应进行量化分析，进而研究农村基础设施对农业全要素生产率的增长效应在不同区域、不同政策背景下的差异，以探寻农村基础设施建设优化配置及效率改进的方法和对策。

长期以来，对于我国农业的发展，人们囿于一个基本认识：农业的根本出路在于机械化。该书通过大量深入、多角度、全方位的理论和实证研究给人们以启示：没有农村基础设施的投入及其对农业全要素生产率的促进效应，农业机械化何以实现。我国农业 70 余年发展的历程也证明了这一现实，而作者则从理论研究上探寻了我国农业持续稳定增长的动力之源。这是值得人们深思的我国农业发展的战略性决策问题，也是其研究成果的现实价值和理论意义。

志士惜时短，求索路正长，作者在对我国农业发展战略的研究上，还有大量研究工作需要不断深入展开，以期为我国农业发展改革提供更为可靠和有价值的理论支持。

华南理工大学工商管理学院

教授、博导：李定安

2020 年 6 月 18 日

前　言

改革开放以来，中国的农业发展取得了世人瞩目的成就，中国农业的增长源泉是学术界关注的热点。目前，比较一致的看法是中国农业要实现从传统农业向现代农业的转型，实现从粗放式经营向集约式经营方式的转变，中国农业经济的发展要依靠要素投入效率的提高、生产要素组合方式的优化、技术进步、组织和制度创新，这意味着中国农业的增长要依赖全要素生产率的增长。近年来中央不断加强对农村的基础设施投资力度，研究农村基础设施如何促进我国农业经济增长方式的转型，为我国制定科学的农村基础设施建设和管理体制提供决策依据，从农村基础设施的角度来研究农业全要素生产率的增长问题具有十分重要的理论和现实意义。

本书研究的主要问题有：第一，考察我国农村基础设施对农业全要素生产率影响的长期效应和短期效应；第二，比较公路、灌溉、电力三种典型农村基础设施投入对农业全要素生产率的影响及作用路径的差异；第三，比较农村基础设施对农业全要素生产率的影响效应在不同区域的差异；第四，在农村基础设施建设的不同政策背景下考察基础设施对农业增长的影响差异；第五，研究农村基础设施对农业全要素生产率的空间溢出效应。

本书共分为四个部分，主要内容如下：

第一部分包括第一章和第二章。第一章介绍论文的研究背景、研究意义、研究目标和研究框架，对重要概念和研究范围作出了界定。第二章回顾了经济增长理论和公共投资理论，围绕农村基础设施和农业全要素生产率两个主题对现有文献进行梳理，总结了主流的研究结论，指出现有研究的不足。

第二部分是论文的第三章，这一部分是后文实证研究的铺垫，从全局的角度分析了中国农村基础设施建设和农业全要素生产率的历史变化。在这一部分首先总结了中国农村基础设施建设规模的变动特点，对农村公路、灌溉和农村电力三类基础设施建设的总体成效进行了总结。然后，利用 DEA - Malmquist 方法对 1985～2015 年我国各省区的农业全要素生产率进行了测算，归纳了我国农业全要素生产率的变化特征。

第三部分是论文的第四章至第八章。

第四章利用三次农业普查的截面数据探索了基础设施可获得性与农业技术效率的关系，研究发现农村公路、铁路、通信基础设施的普及程度对技术效率有显著的促进作用。

第五章建立了一个分析农村基础设施对农业全要素生产率影响的理论框架，基于全国层面时间序列数据构建农业全要素生产率和农村基础设施之间的长期均衡模型和短期波动模型，分析农村基础设施投资对农业全要素生产率的长期效应和短期效应。再以省级层面的面板数据为样本，考察农村基础设施投资对农业全要素生产率的影响，并分析不同类型的基础设施投资对农业全要素生产率的影响以及传导机制。

第六章按照农业生产特点、农业经济发达程度、乡镇住户规模三个划分标准对我国的 31 个省份进行了区域划分，然后在不同的划分标准下研究了农村基础设施农业增长效应的区域差异。

第七章在农村基础设施建设的不同政策背景下考察了基础设施对农业增长的影响差异。本章首先回顾了中华人民共和国成立以来农村基础设施建设政策演变，根据农村基础设施建设政策的特点将研究期间划分为探索时期、改革时期和城乡统筹建设时期，研究发现农村基础设施对农业全要素生产率影响效应受到了公共政策的影响。

第八章研究了农村基础设施对农业全要素的空间溢出效应。本章首先对空间模型进行了简要的回归，然后建立了分析农村公路、电力设施对农业全要素生产率的空间溢出效应的实证检验模型，估计了农村公路、电力设施对农业全要素生产率的直接效应和间接效应，研究发现农村基础设施对农业全要素生产率的空间溢出效应显著，基础设施的建设不仅能提升本地农业全要素生产率，同时对周边地区的农业全要素生产率也有积极地提升作用。

第四部分是结论与展望，本部分在前文各章研究的基础上，对主要研究结论进行总结，提出政策建议，指出值得进一步研究的问题。

目　录

第一章　绪论 …………………………………………………………… 1

　　一、研究背景 ……………………………………………………… 1

　　二、研究意义 ……………………………………………………… 3

　　三、研究目标 ……………………………………………………… 4

　　四、概念界定与研究范围 ………………………………………… 4

　　五、研究框架 ……………………………………………………… 8

　　六、研究创新 ……………………………………………………… 9

第二章　理论基础与文献综述 ……………………………………… 11

　　一、理论基础 …………………………………………………… 11

　　二、农村基础设施的文献回顾 ………………………………… 14

　　三、农业全要素生产率的文献回顾 …………………………… 24

　　四、本章小结 …………………………………………………… 40

第三章　农村基础设施建设与农业全要素生产率趋势分析 …… 41

　　一、农村基础设施建设趋势分析 ……………………………… 41

　　二、中国农业全要素生产率的趋势分析 ……………………… 58

　　三、本章小结 …………………………………………………… 71

第四章　农村基础设施可获得性与农业技术效率 ……………… 72

　　一、引言 ………………………………………………………… 72

　　二、交通和通信基础设施对农业技术效率的作用机制 …… 74

三、交通和通信基础设施普及程度分析 ……………………… 75

四、本章小结 ……………………………………………………… 90

第五章 农村基础设施对农业全要素生产率的影响的实证研究 …… 93

一、理论模型构建 ……………………………………………… 93

二、基于全国层面时间序列的实证分析 ……………………… 94

三、基于省份面板数据的实证分析 …………………………… 101

四、本章小结 ……………………………………………………… 113

第六章 农村基础设施对全要素生产率的影响效应区域差异分析 …… 115

一、区域划分 …………………………………………………… 115

二、实证分析 …………………………………………………… 119

三、本章小结 …………………………………………………… 130

第七章 农村基础设施建设政策演变与效应评估 ………………… 131

一、农村基础设施建设的政策演变 …………………………… 131

二、实证分析 …………………………………………………… 139

三、本章小结 …………………………………………………… 143

第八章 农村基础设施对农业全要素生产率的空间溢出效应 ……… 145

一、引言 ………………………………………………………… 145

二、空间模型 …………………………………………………… 146

三、实证分析 …………………………………………………… 152

四、本章小结 …………………………………………………… 173

第九章 结论与展望 ………………………………………………… 174

一、结论 ………………………………………………………… 174

二、政策建议 …………………………………………………… 175

三、研究展望 …………………………………………………… 176

参考文献 …………………………………………………………… 177

后记 ………………………………………………………………… 201

第一章　绪论

一、研究背景

改革开放以来，中国农业发展取得了世人瞩目的成就，以不到世界7%的耕地养活了占世界22%的人口①，不仅保障了中国的粮食安全，还为在全世界范围内消除贫困和饥饿做出了重大的贡献。1978～2018年中国农业生产总值保持着年均5.59%的增速②，中国农业的高速发展不仅为发展中国家提供了一系列成功经验，也引起了学术界的广泛关注：中国农业持续增长的动力究竟是什么？面临复杂多变的国际国内经济形势、日益恶化的自然气候条件和环境生态的压力，中国农业如何才能保持持续稳定的增长？目前，比较一致的看法是中国农业要实现从传统农业向现代农业的转型，实现从粗放式经营向集约式经营方式的转变，中国农业经济的发展要依靠要素投入效率的提高、生产要素组合方式的优化、技术进步、组织和制度创新，这意味着中国农业的增长要依赖全要素生产率的增长。

在2015年3月召开的第十二届全国人民代表大会上，李克强总理首次在《政府工作报告》中提到了全要素生产率，报告指出"提高全要素生产率，加强质量、标准和品牌建设，加快培育新的增长点和增长极，实现在发展中升级，在升级中发展"。党的十九大报告提出"坚持质量第一、效益优先，以供给侧结构

---

① 惊人的跨越——新中国60年经济发展述评［EB/OL］. 新华网, http://news. xinhuanet.com/politics/2009-08/09/content_ 11852600_ 2. htm.

② 根据《中国统计年鉴（2019）》农林牧渔业总产值环比指数计算而得。

性改革为主线，推动经济发展质量变革、效率变革、动力变革，提高全要素生产率"。全要素生产率已经成为政府决策部门日益关切的反映经济增长质量的重要指标。

许多学者从不同角度研究了中国农业全要素生产率的影响因素，如制度因素（McMillan，1989；Lin，1992；Fan et al.，2004；陈卫平，2006）、土壤环境和气候条件（Huang & Rozelle，1995；Jin et al.，2002；尹朝静，2017；张永强等，2017；林光华和陆盈盈，2019）、农村劳动力流动（Rozelle et al.，1999；李士梅和尹希文，2017）、农业政策（Lin，1997；张永霞，2006；高鸣等，2016）、农村金融发展（尹雷和沈毅，2014；李晓阳和许属琴，2017；陈启博，2019）、农户规模（Wan & Chen，2001；Chavas et al.，2005）、非农经营活动（Hazell & Hojjati，1995；Goodwin & Mishra，2004；李谷成，2009）等，这些文献都从不同角度很好地解释了中国农业全要素生产率的增长问题。但是，现有文献对于中国农村基础设施对农业全要素生产率的作用及传导机制的研究还比较缺乏。大量的经验事实表明，农村基础设施一方面可以带动劳动力、资本等生产要素投入的增加，降低生产成本、促进农业产出的增加，另一方面农村交通、灌溉、电力等基础设施能够改善农业生产条件、提高农业资源配置效率，促进技术的扩散和传播，产生溢出效应，促进农业全要素生产率的提高。虽然，关于农村基础设施对农业生产的影响已有大量的研究，但主要集中在增加农业产出、降低生产成本、促进农业产业结构调整、减贫等方面（如 Antle，1984；Binswanger et al.，1993；Mundlak et al.，2004），从农业全要素生产率的角度考察农村基础设施的农业增长效应的文献还鲜见。

发达国家的经验表明，在从发展中国家向发达国家迈进的过程中有一个时期，国家投资应该把对农村地区的基础设施投资放在优先的位置（Timmer，2002）。我国各级政府已将加强农村基础设施投资作为促进农村经济发展、改善农村民生、实现城乡基本公共服务均等化的一项重要政策。2008 年中央一号文件明确提出要"构建强化农业基础的长效机制；保障主要农产品基本供给；抓好农业基础设施建设；强化农业科技和服务体系基本支撑；提高农村基本公共服务水平"。2017 年 12 月的中央农村工作会议中提出"走中国特色社会主义乡村振兴道路，必须重塑城乡关系，走城乡融合发展之路，要坚持以工补农、以城带乡，把公共基础设施建设的重点放在农村，推动农村基础设施建设提档升级"。

农业是自然风险和市场风险并存的弱质产业，农业发展对农村基础设施投资有很强的依赖性。相对于工业生产，农业生产更加依赖公共基础设施的完善。

二、研究意义

在中国，农业生产规模小，农户分散经营，农户或者农村集体经济组织难以成为农村基础设施的投资主体，只有通过以政府为主导的农村基础设施投资，多渠道筹措资金，农村生产生活所需的公共品才能得到有效满足。此外，由于我国农村金融体系尚不成熟，农民进行生产性投资的能力有限。因此，探查农村基础设施对农业全要素生产率的影响是一项具有理论意义和实践价值的课题。农村基础设施对农业全要素生产率的推动效应是否显著？这种效应在地区之间是否存在显著差异？农村基础设施对农业增长率的影响效应受到哪些因素的制约？农村基础设施建设政策对发挥农村基础设施效应有何影响？本书将通过对上述一系列问题的探讨，加深对农村基础设施对农业全要素生产率影响效应的理解。

研究农村基础设施投资的生产率增长效应还有着十分重要的政策含义。第一，自2008年中央提出将"加强农业和农村基础设施建设作为推进农村改革发展的重要举措"以来，各级政府加大了对农村地区基础设施建设的力度。系统评价农村基础设施建设对经济增长的贡献，对于农村基础设施投资具有重要的政策导向作用。特别是对不同类型的农村基础设施如公路、灌溉和电力设施的农业经济增长效应进行比较研究，对于规划农村基础设施投向政策有着重要意义。第二，我国农村地区地域广泛，农业生产条件和农业经济发达程度都有很大差异，分析农村基础设施对农业全要素生产率的增长效应在不同区域的差异，总结农村基础设施建设在不同地区的成效和经验，对于因地制宜地进行农村基础设施投资规划具有重要的意义。第三，随着政治经济体制改革，我国农村基础设施建设公共政策经历了重要的变革，比较不同政策背景下农村基础设施建设成效的差异，对于探索适合中国国情的农村基础设施建设公共政策和制度有着重要的借鉴意义。

三、研究目标

本书旨在通过考察农村基础设施对农业全要素生产率的影响，研究农村基础设施对农业全要素生产率的传导路径，利用实证研究对农村基础设施对农业全要素生产率、农业技术进步、农业技术效率的影响效应进行量化，以及农村基础设施对农业全要素生产率的增长效应在不同区域、不同政策背景下的差异，探寻农村基础设施建设优化配置及效率改进的方法和对策。具体来说，本书研究要达到以下几个目标。

目标1：在对全要素生产率的测度方法进行回顾和比较的基础上，对全国及各省份农业全要素生产率的变化趋势进行分析，总结全国及各地区农业全要素生产率、技术进步和技术效率的变化特征。

目标2：研究公路、灌溉、电力等典型基础设施对农业全要素生产率的长期影响效应和短期影响效应差异，对基础设施建设远期和近期规划提出具体政策建议。

目标3：研究农村公路、灌溉、电力三种基础设施对农业全要素生产率的影响及传导路径的差异，比较农村基础设施对农业全要素生产率的影响效应区域差异。

目标4：对农村基础建设的政策效应进行评估，研究不同政策背景下农村基础设施对农业全要素生产率的影响效应差异，结合我国经济社会发展特点对我国农村基础设施建设的公共政策提出具体建议。

四、概念界定与研究范围

（一）基础设施

亚当·斯密在关于国家职能的阐述中提到了政府要承担"建设并维护某些公共

事业及某些公共工程（其建设与维护绝不是为了任何少数人的利益）"的重要职能。发展经济学家罗森斯坦·罗丹认为"基础设施是社会先行资本（Social Overhead Capital），是在一般的产业投资之前，一个社会应具备的基础积累，包括电力、运输之类的基础工业，它是社会经济的基础结构，是国民经济总体的分摊成本"。

美国经济学家罗伯特·赫希曼在 1958 年版的《经济发展战略》书中将资本划分为直接生产资本和社会间接资本，基础设施属于社会间接资本。他提出了判断一项经济活动是否属于基础设施应具备以下四个条件：一是该活动提供的劳务有利于或者是其他许多经济活动进行的基础；二是这种劳务都是公共体或私人免费提供或按公共标准收费提供；三是基础设施提供的服务不能从国外进口；四是基础设施的投资具有技术上的不可分性和较高的资本产出比。赫希曼将基础设施进行了广义和狭义的划分，广义的基础设施具备前述三个条件，主要指法律、教育、公共卫生、运输通信等，狭义的基础设施则具备前述四项条件，主要涵盖港口、公路、水利电力等项目。

Argy 等（1999）将基础设施分为经济基础设施和社会基础设施，每一类又分"硬"（实体形式）基础设施和"软"基础设施，如表 1-1 所示。

表 1-1 基础设施的分类

分类	"硬"基础设施	"软"基础设施
经济	道路、港口、铁路、机场电力、电信	职业培训、金融制度、研发促进、技术转让、出口援助
社会	医院、学校、供水、排水、儿童保健、监狱、养老院	社会保障、社区服务、环保机构

Von Hirshhausen（2002）把基础设施定义为经济代理机构可用的所有物质、制度和人文能力（Personal Capacities）的综合，强调了基础设施不仅是物质基础，还包括市场本身以及相应的制度和政策。

在我国经济理论界，对基础设施的关注始于 20 世纪 80 年代初期。钱家骏和毛立本（1981）首先提出"基础结构"的概念，认为"基础结构是为社会提供基本服务的部门，主要包括运输、通信、动力、供水及教育科研、卫生等"。刘景林（1983）认为基础设施是为发展生产和保证生活供应创造共同条件而提供公共服务的部门、设施和机构的总体。

(二) 农村基础设施

农村基础设施是在农村地区为农民生活、农业生产服务的基础设施，地域上集中在农村，受众对象主要是农民。随着对农业经济地位认识的转变，对农村基础设施的内涵和分类的认识也在不断丰富。Wharton（1967）将农村基础设施分为三类：一是资本密集型（Capital Intensive），如道路、桥梁和大坝；二是资本松散型（Capital Extensive），如农业推广服务、动植物的防病防疫服务；三是制度基础设施，包括正式和非正式的制度。他指出农业的发展不仅是由生产者的经济行为决定，还取决于农业基础设施环境，这个环境包含地理气候、社会文化以及制度层面广义的基础设施范畴。Adams 和 Vogel（1986）与 Chaves 和 Gonzalez – Vega（1996）将农业科研、农业科技推广机构以及农村金融制度纳入农村基础设施概念。世界银行（1994）将农村基础设施分为两类：一是经济性基础设施，主要包括交通设施、电力通信设施、灌溉设施、农产品专业市场；二是社会性基础设施，主要包括研发投入、教育、医疗和社会保障。Fosu 等（1995）将农村基础设施分为 11 个类别，分别是灌溉和饮水工程、交通基础设施、仓储、商业基础设施、农产品加工基础设施、公共服务、农业科研和推广机构、通信服务、土壤保持服务、信贷和金融机构、健康和教育服务。我国学者彭代彦（2002）将农村基础设施根据用途的不同分为生产服务设施、生活服务设施和生产生活服务设施。刘伦武（2002）根据设施投资规模的不同，将农村基础设施划分为资金密集型和非资金密集型两类。李志远（2007）依据公共经济学理论，将农村基础设施划分为纯公共基础设施和准公共基础设施，准公共基础设施又可进一步划分为俱乐部性质基础设施与价格排他基础设施。上述学者对基础设施的分类对比如表1 – 2 所示。

表 1 – 2 农村基础设施的分类

文献	分类依据	分类	项目
Wharton（1967）	资本密集程度	资本密集型	道路、桥梁和大坝
		资本松散型	农业推广服务、动植物的防病防疫服务
		制度基础设施	地理气候、社会文化、正式和非正式的制度

文献	分类依据	分类	项目
世界银行（1994）	经济社会属性	经济性基础设施	交通设施、电力通信设施、灌溉设施、农产品专业市场
		社会性基础设施	研发投入、教育、医疗和社会保障
彭代彦（2002）	用途	生产服务设施	水利设施、农业科研和技术推广服务机构
		生活服务设施	医疗、文化设施
		生产生活服务设施	教育、道路和通信设施
刘伦武（2002）	投资规模	资金密集型	灌溉和公共水利设施，交通运输设施，储藏设施，加工设施，电力、自来水、煤气
		非资金密集型	农业推广、农业技术服务站
李志远（2007）	公共品的经济性质	纯公共产品	农村广播电视设施、大江大河治理、农村义务教育设施、农村公共交通设施
		俱乐部性质准公共品	农村文化、体育及科技设施、村际村内道路、农村医疗卫生设施、排污设施、农村社会福利设施、自来水管网、农村能源设施
		价格排他准公共品	农村邮政、通信与电力设施

由于出发点不同，国内外学者对农村基础设施的范畴看法存在差异，国外学者更倾向于将软性基础设施，如制度、农村金融机构等包含在农村基础设施的范围内，而国内学者对农村基础设施的范围界定相对狭义，主要集中在物质基础设施范畴。

本书选取了与农业生产最密切相关的具有公共工程性质的基础设施进行研究，主要包括农村公路、灌溉以及电力设施。之所以选择这三类基础设施投资，基于以下几点考虑：第一，农村公路、灌溉设施、发电站及其配套电网是农业生产中最重要的基础设施，它们的网络效应和规模效应明显，与农业增长的联系紧密，对于任何地区的农业生产都具有普遍性的意义，因此选择这三类基础设施对广义的农村基础设施具有很好的代表性。第二，农村公路、灌溉和电力设施对农业经济增长的影响机制都有所不同。农村公路能促进区域生产要素的流动、降低生产成本，促进技术的传播和扩散；灌溉设施能改善农业生产的水土条件，发挥农业生产的潜力；电力设施能促进现代农业生产技术的传播及应用以及农业技术信息、农产品和生产要素信息的流通。选择这三类基础设施进行研究能对农村基础设施对农业增长的影响机制有一个全面的认识。第三，农村公路、灌溉和电力设施的投资模式和运行机制都各有特点，它们的农业全要素生产率效应存在差异，对其进行比较研究能为农村基础设施投资布局政策的制定提供理论和现实层面的依据。

五、研究框架

本书的主要研究内容分为以下几部分：

第一章：绪论。包括对研究背景、研究意义、研究框架和研究路线的介绍，研究对象的界定。

第二章：理论基础与文献综述。首先回顾现代经济学经济增长理论和公共投资理论的主要进展，然后对相关文献进行综述，在梳理已有文献资料的成果及不足的基础上，引出本书的研究方向。

第三章：农村基础设施建设与农业全要素生产率趋势分析。总结分析中国农村基础设施规模的变动特点，对农村公路、灌溉和电力三类基础设施建设的总体成效进行分析，并对1985～2011年我国农业全要素生产率进行了估算。

第四章：农村基础设施可获得性与农业技术效率。利用三次全国农业普查的调查资料，通过建立随机前沿生产函数模型对农村交通和通信普及程度对农业技术效率的影响进行了定量研究，比较农村公路、铁路、码头、通信设施的可达性对农业技术效率影响效应的差异。

第五章：农村基础设施对农业全要素生产率的影响的实证研究。基于中国1985～2015年省级面板数据以农村基础设施对农业全要素生产率的影响进行实证研究，对农村基础设施对农业全要素生产率的长期和短期效应进行对比，研究农村公路、灌溉和电力设施对农业全要素生产率的影响及传导路径，比较公路、灌溉、电力设施对农业全要素生产率的影响效果的差异。

第六章：农村基础设施对全要素生产率的影响效应区域差异。按照农业生产特点、农业经济发达程度、乡镇住户规模三个分类标准对我国的31个省份进行区域划分，然后比较在不同的划分标准下农村基础设施效应的区域差异。

第七章：农村基础设施建设政策演变与效应评估。回顾中华人民共和国成立以来农村基础设施政策的演进，比较探索期、改革期和城乡统筹时期三个阶段农村基础设施对农业全要素生产率的影响效应的差异。

第八章：农村基础设施对农业全要素生产率的空间溢出效应。采用空间模型研究农村公路和电力设施对农业全要素生产率的空间溢出效应，研究农村公路和电力设施对本地和周边地区农业全要素生产率的影响效应。

第九章：结论与展望。在前文研究的基础上，对研究结论进行总结，提出政策建议，并指出值得进一步研究的问题。

六、研究创新

本书研究的创新之处主要有以下几点：

1. 从农业全要素生产率的角度评价农村基础设施对农业增长的影响效应，并考察不同类型基础设施对全要素生产率发生影响的传导路径

现有文献对农村基础设施效应的考察主要集中在增加农业产出、促进要素投入、降低生产成本、缩小地区差距、减贫、提高农村居民收入等方面，而缺乏从农业全要素生产率的角度评价农村基础设施建设的效应。本书研究不仅定量考察了不同类型农村基础设施的农业全要素生产率效应，还进一步研究了农村基础设施的生产率增长效应的传导路径。研究发现农村公路是通过作用于农业技术进步而对农业全要素生产率产生影响，灌溉设施是通过作用于技术效率推动农业全要素生产率，而电力设施则是通过农业技术进步和农业技术效率传导对农业全要素生产率产生影响的。

2. 区域划分方式的创新

对农村基础设施投资的农业全要素生产率增长效应进行了区域差异研究，在区域的划分上，不仅采用了传统的按照农业生产自然条件对我国 31 个省区市进行区域划分，还分别按照农业经济的发达程度、乡镇住户规模对我国 31 个省区市进行了区域划分，多维度地比较了农村基础设施的农业增长效应在不同区域的差异。

3. 将农村基础设施政策纳入考察农村基础设施效应的研究框架中

根据我国农村基础设施建设政策的阶段性特点，从时间维度将样本期间划分成三个阶段，研究发现在不同的农村基础设施政策背景下，农村基础设施的全要素生产率增长效应有差异，总体而言，在城乡统筹时期效应最大，其次是探索时期，再次是改革时期。

4. 农村基础设施指标的衡量

现有文献对农村基础设施大多采用价值指标衡量，在核算农村基础设施资本存量时会面临折旧率如何确定、资金的时间价值、农村基础设施初始资本存量如何估算等问题，因此采用价值指标对农村基础设施规模进行测度会面临较大的数据误差。本书对农村基础设施的度量采用了利用投资成果的实物指标衡量的方式，能更好地反映农村基础设施的成效，又避免了采用价值指标衡量农村基础设施规模时需要主观确定折旧率、初始资本存量等具有主观性的技术问题。

5. 研究期间和研究样本的选择

以中国 1985～2015 年的农业生产和农村基础设施投资为研究对象，对我国近 30 年来农村基础设施投资对农业增长的影响进行了全面系统的考察，研究期间跨度长、研究时效性强。研究样本既利用了全国层面的总量数据，又利用了省级层面的面板数据，还利用了三次农业普查的数据，通过不同层次的样本数据增强了实证研究结论的可靠度。

6. 对农村基础设施的空间溢出效应进行了研究

利用空间计量模型考察了我国农村公路设施和电力设施对农业增长的溢出效应，研究发现农村基础设施不仅对本省区市的农业增长有促进作用，对周边省区市的农业增长也有着显著的溢出效应。

第二章　理论基础与文献综述

本章首先对经济增长理论和公共投资理论进行了简要回顾，然后围绕农村基础设施和农业全要素生产率两个主题进行文献研究，进而引出研究思路。农村基础设施的文献研究主要是围绕农村基础设施对农业生产的效应展开，并对农村基础设施的其他效应如减贫、缩小地区差距以及对农民收入和消费的影响加以总结。另外，是围绕农业全要素生产率的文献研究，在对全要素生产率的估算方法进行比较的基础上，对我国农业全要素生产率的估算进行了汇总和比较整理，并对农业全要素生产率影响因素的相关文献进行了归纳和梳理。

一、理论基础

（一）经济增长理论

理论界对基础设施的经济效应进行了大量深入的研究，比较一致的看法是基础设施投资和生产性投资是促进经济增长中不可或缺的要素，基础设施投资能带来生产性投资规模的扩张，而生产性投资的扩大又引致了对基础设施投资更高的需求。基础设施投资经济效应的研究以经济增长理论为基本分析框架，下面将就经济增长理论作简要的回顾。

1. 古典经济增长理论

古典经济学创始人 Smith 在其代表作《国民财富的性质和原因的研究》中指出"资本的不同用途，对国民产业量及土地和劳动的年产物量，会直接发生不同的影响，由于分工和专业化，资本积累变得非常重要"。Ricardo 认为"推动经济增长的主要原因是资本家将其净收入中除消费外的剩余部分追加投入生产中所形成的资本积累，资本数量与积累状况决定了劳动数量、分工程度和劳动生产率水平"。古典经济学家普遍认为资本积累是经济增长的重要因素，尽管在这一时期基础设施资本的经济效应还未成为一个独立的研究主题，但古典经济学家的思想为发展经济学家对基础设施投资效应的研究奠定了重要的理论基础。

2. 新古典经济增长理论

新古典经济增长学派的代表人物 Solow（1956）和 Swan（1956）认为古典经济学家过分强调了物质资本在经济增长中的作用，忽视了技术进步对经济增长的作用，他们认为"经济体中外生储蓄率、人口增长率和技术进步率是影响经济增长的三个重要因素"。Solow（1956）对美国 1909 ~ 1945 年经济增长的因素进行了考察，发现资本和劳动投入对经济增长的贡献只占 12.5%，技术变化的贡献高达 87.5%。但新古典经济增长模型没有将基础设施资本作为一个单独的变量纳入生产函数模型，直到 Arrow 和 Kurz（2013）在研究中将基础设施资本存量引入生产函数模型，用劳动力投入、私人资本投入和基础设施资本投入共同来解释产出的变化，关于基础设施资本的经济效应的定量研究才开始引起了学者广泛的关注。

3. 新增长理论

新增长理论也称为内生增长理论，新增长学派的代表学者 Romer（1990）和 Lucas（1988）认为"经济能够不依赖外生变量而维持持续的增长"，经济增长的推动力量来源于经济系统内部机制，即使是技术进步也是由经济系统内生决定的。Barro（1990）以内生增长理论为基础建立了一个分析公共支出对产出的影响效应的分析框架。Barro 的模型中将基础设施资本存量引入生产函数，并且将基础设施资本看成是全要素生产率的一个决定因素。他认为基础设施资本不仅通过资本积累效应直接促进经济增长，还通过间接地提高全要素生产率的方式促进了经济增长。基础设施投资通过促进生产要素的流动和重新配置、新知识传播和技术扩散等途径提高了全要素生产率，从而促进了经济增长。Barro（1990）的模型具体形式如下：

$$Q = A(\theta, G)F(K, L) \qquad (2-1)$$

式中，Q 代表总产出，K 和 L 分别代表私人资本存量和劳动投入，G 代表基础设施资本存量，θ代表影响全要素生产率的其他因素。

在古典经济增长理论中虽然没有直接论述基础设施资本对经济增长的作用，但肯定了资本积累的重要性，学者在新古典经济增长理论中开始对基础设施资本的经济增长效应的关注，而在新增长理论的框架下，基础设施资本对经济增长的直接效应和间接效应有了更深刻的认识，并涌现出一大批实证文献量化考察基础设施投资的经济效应，如 Aschauer（1989）、Hulten 和 Schwab（1991）、Munnell（1992）、Barro 和 Sala - I - Martin（1992）、Evans 和 Karras（1994）、Devarajan 等（1996）、Fernald（1999）、Roller 和 Waverman（2001）等。

（二）公共投资理论

休漠在《人性论》中论述政府的起源时说"某些对每一个人都有利的事情，只能通过集体行动来完成"。休谟所指的集体行动就是现代意义上的公共投资。斯密则将公共工程归为政府的三大义务之一，认为"公共工程对于一个大社会当然是有很大的利益的，但就其性质来说，若由个人或少数人办理，那所得利益决不能偿其所费，所以这种事业不能期望个人或少数人出来创办或维持"。Simth 指出公共产品的供给一要体现受益原则的公平观，即谁使用谁付费；二要基于支付能力原则的公平观，即对低收入人群提供具有外部受益的公共品或服务时要以低价提供，使贫困人群也能普遍受益。凯恩斯理论强调公共投资的经济调节作用，而不再将财政年度收支平衡作为公共投资的首要考虑条件。货币学派认为国家应该通过货币政策调节经济，公共投资可能会加剧经济滞涨。公共选择学派的观点同凯恩斯学派的观点不同，其代表人物布坎南和哈耶克都反对以干预经济为目的的公共投资。

基础设施投资的形成物具有一般公共产品的性质，即非排他性和非竞争性。非排他性是指单个消费者无法独占对公共产品的消费，不可能阻止其他人对其的消费。非竞争性是指一个人的消费不会使其他人能够消费的数量减少，也不会减少其他人的满足程度，或者在现有的供给水平下，新增消费者不需要增加供给成本。同时具备非排他性和非竞争性两个特征的为纯公共产品，如国防。如果两个性质非排他性和非竞争性只满足一个条件，为准公共产品。在消费上具有非竞争性，但具有排他性的是俱乐部产品，如收费公路；而在消费上具有竞争性，但不具有排他性的为共同资源公共产品，如公共牧场等。

二、农村基础设施的文献回顾

（一）农村基础设施对农业生产的效应

农村基础设施对农业生产的效应主要体现在农业增长、降低生产成本，促进农业技术进步、增加农业生产性投资、促进农业产业结构调整五个方面。

1. 农业增长效应

国内外学者对农村基础设施对农业生产的影响做了大量研究，实证研究大多用经济增长模型研究农村基础设施对农业增长的贡献。理论文献剖析了农村基础设施对农业增长的影响机制，实证文献为农村基础设施对农业正的长期影响效应提供了大量的经验证据。

现有文献大多以经济增长理论为框架，在生产函数模型中引入反映基础设施规模的变量，进而估计基础设施对农业增长的边际效应。实证模型中对农业增长的衡量通常用农业总产值、农业增加值或农业增长率来反映。从实证研究的估计方法来看，Antle（1984）、Mundlak 等（2002）的实证模型忽略了农村基础设施受到经济环境的影响，没有考虑农村基础设施投资变量的内生性问题。而 Binswanger 等（1993）、Fan 等（2002）、Fan 等（2005）则主张在实证研究中要考虑基础设施投资变量的内生性问题，以及基础设施投资和经济产出之间的双向因果联系，他们采用联立方程组模型或广义矩估计方法来估计基础设施投资的边际效应。

随着经济计量软件的开发和普及，自 20 世纪 80 年代以来涌现了一大批围绕基础设施对农业产出的影响效应进行定量研究的实证文献。Antle（1983）利用 47 个发展中国家和 19 个发达国家的数据，通过建立柯布道格拉斯生产函数模型分析运输和通信基础设施对农业产出的影响，研究表明运输和通信基础设施的发达程度和农业产出之间存在显著的正相关关系。Aschauer（1989）的研究发现美国核心基础设施（高速公路、机场、电力天然气设施、公共交通设施、污水处理设施）资本对生产率的弹性系数是 0.24。但 Aschauer（1989）的研究受到了质疑，Tatom（1991）指出在 Aschauer（1989）研究的模型中时间序列变量是非平稳的，该研究中发现的基础设施对生产率的显著影响可能是一种伪效应。Tatom（1991）建立了一阶差分形式的生产函数模型，克服了 Aschauer（1989）研究中时间序列之间的伪回归问题，结果发现基础设施资本的系数对生产率的影响不再显著。Easterly 和 Rebelo（1994）利用 100 多个国家的跨国数据证明了交通和通信投资与农村经济增长之间具有直接稳定的联系。Canning 等（1994）发现，基础设施尤其是电话及电力的投资对农村经济增长率具有重要的积极影响。Huang 等（1999）指出中国农村公共投资能维持粮食供给的稳定增加，从而保障国家的粮食安全。Fan（2000）的研究发现政府在农村基础设施和农业研发的支出对农业增长的效果最为明显。Bhalla 和 Gurmail（2001）的研究表明灌溉投资有利于提高农业产出，农业技术扩散如采用新品种也有赖于物质和制度基础设施的完善。Thorat 和 Sirohi（2002）利用涵盖了实物基础设施、金融和研究基础设施的 10 个解释变量（交通、电力、灌溉、拖拉机、研究、技术推广机构、农村信贷资源、批发市场、化肥销售点便利性、商业银行网点），研究基础设施对于农业发展的效应。研究发现交通、电力、灌溉和研发对于提升农业产量的效应最显著。Teles 和 Mussolini（2010）的研究发现 20 世纪 70 年代阿根廷、巴西和墨西哥债务危机导致了基础设施投资的大规模缩减，进而导致了农业生产率急剧下降。Chaudhry 等（2013）考察了欧洲国家交通基础设施的发展对农业增长的影响。

王红林和张林秀（2002）利用江苏省 64 个县 1975～1996 年的统计资料构建生产函数模型，对改革前后公共投资对农业生产增长的贡献进行了分析，得出农业公共投资是促进农业生产最有力的增长因素的结论。吕立才和徐天祥（2005）考察了我国公共投资和私人投资对农业产出增长的作用，实证研究的估计结果表明，公共投资对农业产出的弹性系数为 0.12，私人投资对农业产出的弹性系数为 0.76，私人投资比公共投资对农业产出贡献更大。Wang 等（2013）对黑龙江的研究发现道路建设对农业 GDP 有显著影响。

表 2-1 中汇总了比较有代表性的研究发展中国家农村基础设施投资对农业增长的贡献的实证研究文献的研究方法和主要结论。

表2-1　发展中国家农村基础设施对农业增长的贡献

国家	研究期间	实证研究方法	文献来源	农业产出衡量指标	农村基础设施衡量指标	边际效应
中国	1997	联立方程组	Fan 等（2002）	农业增加值	灌溉投资（元）	1.88
					公路投资（元）	2.12
					电力投资（元）	0.54
					电话投资（元）	1.91
	1982～1999	联立方程组	Fan 和 Chan - kang（2005）	农业增加值	低等级公路里程（千米）	1.16
					低等级公路投资（元）	1.57
					高等级公路里程（千米）	1.73
					高等级公路投资（元）	1.45
印度	1970～1971	最小二乘法	Antle（1983）	大米产量（100公斤/农户）	灌溉设施（虚拟变量）	0.28
					高产品种（虚拟变量）	0.21
	1960～1981	联立方程组	Binswanger 等（1993）	农业总产值指数	灌溉率（%）	0.026
	1970～1994	联立方程组	Fan 等（2000）	全要素生产率	公路投资年增长率（%）	0.057
					灌溉投资年增长率（%）	0.036
					电力投资年增长率（%）	0.004
印度尼西亚	1971～1998	最小二乘法	Mundlak 等（2002）	农业增加值增长率	公路里程年增长率（%）	0.064
					灌溉率年增长率（%）	0.583
泰国	1971～1995	最小二乘法	Mundlak（2002）	农业增加值增长率	公路里程年增长率（%）	0.081
					灌溉率年增长率（%）	0.103
					农村用电量年增长率（%）	0.045
	1977～2000	联立方程组	Fan 等（2004）	农业总产值	灌溉投资（泰铢）	0.71
菲律宾	1961～1998	最小二乘法	Mundlak 等（2002）	农业增加值增长率	灌溉率年增长率（%）	2.21
越南	1993～2003	联立方程组	Fan 等（2004）	农业总产量	灌溉投资（越南盾）	0.42
					公路投资（越南盾）	3.01
巴西	1985～2004	广义矩估计	Mendes 等（2009）	农业全要素生产率	公路里程（公里）	0.72
					装机容量（兆瓦特）	0.15
					灌溉率（%）	0.2

续表

国家	研究期间	实证研究方法	文献来源	农业产出衡量指标	农村基础设施衡量指标	边际效应
乌干达	1992～1999	联立方程组	Fan 等（2004）	农业总产值	支线公路里程（千米）	7.16
坦桑尼亚	1980～2000	联立方程组	Fan 和 Chan‐Kang（2005）	农业总产值	公路里程（千米）	9.13

资料来源：Pinstrup‐Andersen 和 Shimakawa（2007）.

王君萍和阮锋儿（2009）以陕西 1990～2005 年的数据为样本，通过 Granger 因果检验得出增加农村建设投资支出对 GDP 增长和农业 GDP 增长具有重要的推动作用。董明涛和周慧（2014）利用 2003～2010 年我国省级面板数据，利用面板数据误差修正模型，对我国东中西部地区农村基础设施对经济增长的影响效应差异进行了研究，发现农村能源基础设施对西部地区的促进作用最大，其次是中部地区，最后是东部地区；交通通信基础设施对东部地区农村经济发展的促进作用最大，其次是西部，最后是中部地区。张亦弛和代瑞熙（2018）基于 2003～2014 年全国 30 个省份的面板数据运用个体和时间双向固定效应模型考察了农村基础设施对农业经济增长的影响，指出农村水利、信息、卫生环境和滞后两期时的交通运输基础设施对农业总产值有显著的正效应。

2. 降低生产成本效应

Binswanger 等（1993）对印度 13 个省的研究发现，基础设施投资降低了运输成本，增加了农户的市场参与程度，导致了农业生产的实质性扩张。Mamatzakis（2003）研究了希腊 1961～1995 年的农业公共投资和农业生产成本的关系，结论表明公共投资显著降低了农户的生产成本，公共部门每增加一个百分点的投资能使农业生产成本下降 0.138 个百分点。Teruel 和 Kuroda（2005）对 1974～2000 年菲律宾农村基础设施作用的研究发现，农村基础设施是劳动和中间投入的替代品，农村基础设施的改善和投入的增加有利于降低农业生产成本和提高农业产出。朱晶（2003）的实证研究指出我国农业科研投资能够显著降低农业生产成本。Pingali 等（1997）的研究表明，加强农业基础设施的投资和技术创新是维持越南大米出口水平的重要保证。WorldBank（1997）估计在全世界由于道路和仓储设施的缺乏，农作物从农户流通到消费者的过程中损耗了15%。

3. 促进农业技术进步效应

Jain 等（2009）对印度农村的研究发现，农村的电力设施、灌溉设施、信贷机构、农业推广机构的普及促进农业技术进步，农户更乐意接受新的种植技术，改良品种、化肥、农药以及除草剂的使用将更易推广。Ajwad 和 Wodon（2007）比较了玻利维亚不同经济发展水平的地区在教育、电力、污水处理、饮用水以及通信中的公共投资的边际收益指数。

4. 增加农业生产性投资效应

刘承芳等（2002）的研究结果表明，农村通信等公共事业的发展对农户农业生产性投资有显著的促进作用。周应恒等（2007）采用1990～2004年我国25个省份面板数据对影响我国农户农业生产性投资的因素做了实证研究，结果表明农村公共事业发展尤其是农村道路、通信、水利事业的发展对农户农业生产性投资有显著的促进作用。杨真等（2020）使用 CFPS2010 年和2014年的家庭面板数据，以开通公路和公交作为准自然实验，研究了交通基础设施对农户人力资本投资的影响，通过 PSM‒DID 模型发现交通基础设施通过增收效应和文化冲击等途径能够显著改善农户的教育观，进而促进农户提高物质和非物质人力资本投资。

5. 促进农业产业结构调整

董晓霞等（2006）研究发现，农村交通基础设施的完善不仅能促进地区种植业结构的调整，还可以削弱生产地与消费地之间的地理距离对农业生产空间选择的影响。吴清华等（2015）利用1995～2011年中国省级面板数据模型发现了灌溉设施、农村公路对农业生产中劳动力具有互补效应、对固定资本具有替代效应，这两种基础设施能够降低农业生产成本。江艳军和黄英（2018）研究发现农村交通和能源基础设施对农业产业结构升级的正向影响显著，而农田水利基础设施对产业结构升级存在显著的负向效应，基础设施对农业产业结构的影响效应在我国东中西部存在显著差异。

（二）农村基础设施的其他效应

1. 减贫效应

基础设施投资对于农村地区减贫效果显著，大量的实证研究都表明灌溉设施（Thakur，2012）、农业研发和技术推广站（Evenson，2001；Alston et al.，

2000）、医疗（Collier et al.，2002）、教育和其他社会服务（Gomanee et al.，2005）等基础设施的投资对减少农村贫困人口有着显著作用。Songco（2002）的研究称农村基础设施投资不仅增加了贫困人口的收入还改变了贫困人口的消费模式，主要表现为降低基本生活品的开支、降低能源使用成本。

世界银行（1990，2000）的研究报告指出，发展中国家消除贫困要加强基础设施的投资，以及为贫困人口提供更多的道路、电力、健康和教育服务。樊胜根（2009）归纳了公共投资降低农村贫困的作用路径：农业研究、农村教育和基础设施的公共投资可以提高农业生产率，增加农民收入，减少农村贫困，此外农村基础设施投资也会增加农村工资收入，促进非农就业和迁移，由此减少农村贫困。Fan 等（2004）认为中国农民的个人特征和家庭特征对农村贫困问题的影响较小，而国家对农村公共投资以及公共服务的体制和政策对消除农村贫困有着关键性的作用。Yang（2003）研究了农村电力投资对消除农村贫困的影响效应，发现在中等发达地区农村电网投资对减贫的效应最明显，而在最发达和最不发达地区电力投资的减贫效应相对较弱。Ravallion 和 Datt（1996）针对印度的研究发现，在有更好灌溉条件的地区，农村家庭脱离贫困的速度更快。Paternostro 等（2005）比较了不同类型的公共投资对减贫的效果，指出在社会服务领域的公共支出对于减贫的效果显著，这为政府公共政策制定以及国际援助组织的援助提供了积极的政策导向。樊胜根等（2002）的实证研究表明在中国，贫困受个人和家庭特征的影响较小，政府在农业研发、灌溉、教育和基础设施领域的投入对于减贫有着显著作用。由于实证研究方法的不同，考察的经济体背景不同，对于不同领域公共投资的相对效果的实证研究结论有一些差异。例如，Fan 等（2004），Jung 和 Thorbecke（2003），Matovu 和 Dabla - Norris（2002）的研究都发现教育投资对于减贫有最显著的效果，但是 Ajwad 和 Wodon（2001）、Lofgren 和 Robinson（2004）的研究却发现交通设施的投资对于减贫的效果有限甚至是负面的。比较典型的研究农村基础设施投资的减贫效应的文献结论如表 2 - 2 所示。

从表 2 - 2 中的实证研究结论可以发现，在大多数发展中国家如中国、印度和越南，公路投资对降低贫困人口的效应最显著，公路投资对减贫的边际效应明显高于灌溉和电力的投资。这表明在发展中国家，公路基础设施是贫困地区亟须改善的方面。此外，还有一部分文献对农村基础设施的减贫效应进行了地区差异研究。Fan 等（2002）的研究发现在中国农村基础设施投资的减贫效应在西部欠发达地区最为显著。不同地区有着明显的差距。Gibson 和 Olivia（2010）研究了印度尼西亚农村地区基础设施的便捷性对农村地区的非农经营活动的积极作用。

表 2-2　发展中国家农村基础设施投资的减贫效应

国家	研究期间（年份）	文献来源	贫困衡量指标	农村基础设施投资的衡量指标	边际效应
中国	1997	Fan 等（2002）	农村脱贫人数	灌溉投资（万元）	1.33
				公路投资（万元）	3.22
				电力投资（万元）	2.27
				电话投资（万元）	2.21
	1982~1999	Fan 和 Chan - Kang（2005）	脱贫人数	低等级公路里程（千米）	21.59
				高等级公路里程（千米）	8.97
				低等级公路投资（百万元）	161
				高等级公路投资（百万元）	13
印度	1970~1994	Fan 等（2000）	脱贫人数	公路投资（百万卢布）	123.8
				灌溉投资（百万卢布）	9.7
				电力投资（百万卢布）	3.8
泰国	1977~2000	Fan 等（2004）	脱贫人数	灌溉投资（百万泰铢）	7.69
				公路投资（百万泰铢）	107.23
				电力投资（百万泰铢）	276.07
越南	1993~2003	Fan 等（2004）	脱贫人数	灌溉投资（10 亿越南盾）	12.93
				公路投资（10 亿越南盾）	132.34
乌干达	1992~1999	Fan 等（2002）	脱贫人数	支线公路投资（百万先令）	33.77
坦桑尼亚	2000~2001	Fan（2005）	脱贫人数	公路投资（百万先令）	26.53
				通电率（%）	141.962

兰峰等（2019）利用宁夏少数民族聚居区 2007~2016 年的县级面板数据，运用重心模型与固定效应模型研究了城乡基础设施配置的减贫效应，发现基础设施配置的减贫效应存在空间分异，经济类基础设施与减贫存在多样均衡关系，教育设施的减贫效应显著，但是医疗文体设施的减贫效应趋于减弱。席国辉（2019）的研究指出提高农村基础设施的可获得性将提高农村家庭的生活水平，帮助农村贫困家庭脱离贫困，农村家庭拥有自来水基础设施能够显著减少贫困发

生的概率和贫困的程度，会让农村家庭陷入贫困的概率减少 17.2%。

2. 缩小地区差距

世界银行（1997）指出基础设施投资不仅对经济增长有显著贡献，还是政府缩小地区差距的重要政策工具。学术界对农村基础设施投资对缩小地区差距的效应进行了广泛的研究，形成了不同的研究结论。例如，Jacoby（2000）对尼泊尔的农村道路和农村地区差距的关系进行了研究，发现农村道路对农业经济发展起到了关键作用，但对缩小地区差距的作用不明显。Fan 和 Hazell（1999）、Fan 等（2000，2004）、樊胜根等（2002）的研究都发现基础设施特别是灌溉、道路、电力以及通信等基础设施投资能显著降低农村贫困人口，对缩小农村地区差距也有显著作用。Walle（2003）通过对越南农村居民家庭的教育、收入以及灌溉条件进行调查，发现教育水平越高的家庭，灌溉投资对家庭收入的边际收益越高，而教育程度较低的家庭的灌溉投资边际收益较低。Krugman 和 Kakwani（2003）的研究指出，如果基础设施投资没有和其他公共投资如教育、医疗等公共投资充分结合，基础设施投资可能会加大农村居民的收入差距，少数受教育程度更高、收入更高的农村居民从基础设施投资中的获益更多，从而进一步加剧农村居民间的差距。Calderon 和 Chong（2004）的研究发现在落后地区扩大公共投资规模能显著减少收入分配差。Calderon 和 Serven（2010）对非洲撒哈拉地区国家的研究发现农村基础设施投资能显著缩小地区差距。

万广华和张藕香（2006）分析了 1992~1995 年中国农村地区间不平等的根源问题，研究发现农村基础设施投资是农村地区区域间发展不平衡的重要原因。沈坤荣和张璟（2007）的研究发现我国基础设施投资对降低城乡收入差距的作用不明显，我国政府对基础设施投资的重视不足，限制了基础设施投资效应的发挥。张勋和万广华（2016）建立了一个包容性增长的实证研究框架，利用中国健康与营养调查数据估算中国农村基础设施对包容性增长的影响。实证结果表明座机电话和自来水等农村基础设施有利于提高农村居民的收入水平，缩小城乡收入差距，此外低收入群体从农村基础设施中获益更多，农村基础设施还可以改善农村内部的收入不均等。

郑晓冬等（2018）利用我国中西部 5 省区的调查数据研究了农村基础设施对农村收入不平等的影响及作用机制，表明农村道路设施可显著缓解农村收入不平等状况，农村道路设施对于中等收入地区的收入分配效应显著，而在低收入和高收入地区并不明显，并且在基础设施以及经济状况仍较为薄弱的中西部农村地区，加大交通基础设施建设力度不仅有利于促进居民增收，也能改善农村收入分配的不平衡。孟庆强和刘洁（2019）利用河南18个地级市2006～2016年的面板数据考察了公路交通运输基础设施对河南城乡居民收入差距的影响，研究发现公路交通运输基础设施缩小了河南城乡居民收入差距，并且等级越低的公路交通基础设施对城乡居民收入差距的改善越显著。高越和侯在坤（2019）采用倾向得分匹配（PSM）模型利用中国家庭追踪调查（CFPS）数据，研究了我国东中西部地区生产性和生活性基础设施对农民收入的影响差异，发现生活基础设施对中部地区的收入增长效应显著，而对东部和西部地区影响不显著，生产性基础设施对东部地区影响最为显著，中部地区次之，西部地区影响最小，此外，收入较低的群体从农村基础设施中获益更多。聂高辉和宋璐（2020）指出基础设施投资对抑制城乡收入差距扩大有长期作用，城镇化与基础设施双建设能够协调城乡资源配置，减小城乡差距，以城乡融合发展实现乡村振兴的伟大战略。范晓莉（2020）以新经济地理学理论为基础，以中国2008～2016年省际面板数据为样本，研究发现交通基础设施水平的提升显著缩小了我国各区域的城乡收入差距，而信息基础设施水平的改善在一定程度上也起着缩小我国城乡收入差距的作用，但效果相对薄弱。

3. 对农户收入和消费的影响

Evenson（2001）的研究发现农村基础设施投资不足使农户减低化肥购买量。彭代彦（2002）的研究表明农村道路和医疗投资能降低农业生产成本从而增加农民收入，但收费过高的农业技术推广服务对农民增收没有显著影响。何亚男（2018）利用1997～2016年省级数据对我国农村基础设施投资对农民收入的影响进行了实证研究，发现农村基础设施投资对农民纯收入、工资性收入和家庭经营收入均有促进作用，但农村水利设施投资对工资性收入的影响存在滞后性，农村教育投资的增收效应最显著。聂昌腾等（2019）的研究发现，农村电商基础设施不仅可以扩大农产品的销售渠道和市场范围，还可以降低农产品的生产成本和流通成本，促进农村产业结构升级，增加农民收入。

李燕凌和曾福生（2006）指出农业基础建设投资对农村居民的文化娱乐支出有显著的正向影响，而对教育医疗支出的影响不明显。朱建军和常向阳（2009）的研究得出同李燕凌和曾福生（2006）相似的研究结论，财政投入性支出对农村居民消费有显著的正向影响，而补贴性支出对农村居民消费的影响不显著。孙春燕（2013）利用 SUR 模型考察了农村基础设施投资对于农村居民消费的影响程度，研究发现交通、电力、水利农村基础设施投资对农村居民的食品、居住和交通方面的消费具有促进作用。杨琦（2018）用动态面板模型研究了基础设施投资存量对农村居民消费的影响，发现基础设施给农村居民消费带来的挤出效应，电力、燃气、水利等环境基础设施，卫生、社会保障、文化体育等基础设施对居民的消费具有明显的挤出效应，指出农村基础设施的重点投资领域应该是电力、水利和交通基础设施，通过这些生产性基础设施的建设提高劳动生产率，提高农村居民收入，从而推动农村消费。

4. 促进非农就业

刘晓昀等（2003）在 1999～2000 年通过对贵州 130 户农户进行调查，研究发现户主教育程度和户主是否从事非农就业对农村基础设施投资效应有决定性作用，户主教育程度越高，户主从事非农经营活动越多，农户从基础设施投资中的获益也越多。李斌等（2019）利用 30 个省级区域 1998～2014 年面板数据建立了空间自回归模型，研究结论表明普通公路有效促进农村剩余劳动力就地转移，铁路促进农村剩余劳动力跨区域转移。王剑程等（2020）采用中国家庭金融调查 2013 年和 2015 年的追踪样本数据，使用双重差分（DID）模型发现宽带建设使农村家庭创业概率显著上升了 4.8 个百分点，研究指出宽带建设显著促进了批发零售方面的创业，并且宽带建设对创业的促进作用显著高于同期的道路建设。

（三）对现有研究的评价

1. 现有文献对农村研究的借鉴之处

（1）大多以经济增长理论为基本研究框架，近年来也涌现出从经济地理、空间经济学等新的视角研究农村基础设施的经济效应和社会效应的文献。

（2）根据农村基础设施对农业生产的影响效应进行了广泛的研究，围绕农业生产领域考察了农村基础设施对农业产值、生产成本、技术进步、生产性投资的影响，围绕农村区域发展考察了农村基础设施对减贫、缩小地区差距的影响，围绕农民收入消费考察了农村基础设施对农民收入、消费水平、非农就业、外出务工的影响。

（3）实证研究的技术比较规范：在研究中注意到了基础设施投资内生性、

基础设施投资效果的时滞性等问题，在基础设施投资规模代理变量的选择上也比较规范。

2. 现有文献存在的缺陷

（1）在实证研究中由于所采用的研究方法和研究样本的不同，不同学者的研究结论缺乏可比性。例如，对于潜在的内生性问题的解决技术的不同，基础设施投资效应的时滞期选择的不同，是否考虑不同类型基础设施的交互效应，样本选择的不同，代理变量的不同，这些都将会造成实证研究结论的差异。

（2）基础设施规模的衡量方式不规范。大多数研究采用基础设施资本来衡量，有的用基础设施投资的流量（或政府预算内支出），有的用基础设施投资存量。现有文献对基础设施投资规模大多采用基础设施投资流量数据。用基础设施资本投入或者政府公共支出的数据作为基础设施规模的代理变量会造成两类问题：第一，基础设施的投资资金不仅来源于政府财政资金，也可能来源于私人部门如企业或者村民自筹资金；因此在实证分析基础设施投资效应时，不准确的基础设施投资规模数据将会导致整个模型存在系统误差，得到不可靠的估计结果。第二，即使可以得到所有部门的投资规模流量数据，在将基础设施资本流量转化为基础设施资本存量时也将面临计算上的困难，计算方法的选择和折旧率的确定都有一定的主观性。

（3）主要集中在对农村基础设施对农业产出或农业经济增长率的影响进行研究，而缺乏探讨农村基础设施对农业全要素生产率的影响效应的研究。农村基础设施一方面能通过扩大要素投入直接带来产出增加，另一方面也能通过优化资源配置、促进技术扩散等提高农业全要素生产率的途径来促进农业产出的增加。因此，从农业全要素生产率的视角评价农村基础设施建设的效应有着重要的意义，能丰富对农村基础设施建设成效的理解，对于制定农村公共投资政策也有参考价值。

三、农业全要素生产率的文献回顾

（一）农业全要素生产率的内涵

全要素生产率（Total Factor Productivity，TFP）反映了生产过程中决策单元将投入转化为产出的效率，体现了除投入要素外其他各种因素的综合效应。单要素生产率（Single Factor Productivity）衡量的是产出和单要素的投入之比，测算方法简单直观，如在农业生产中土地单要素生产率就是单位土地的农业产出，劳动单要素生产率就是单位劳动的农业产出。全要素生产率能够弥补单要素生产率不能全面反映经济增长过程的不足，为分析经济增长的源泉开辟了新的研究领域。全要素生产率包括技术进步和技术效率两部分，技术进步反映要素投入不变条件下前沿产出水平的变化，衡量的是前沿生产面的移动。技术效率反映的是决策单元向生产前沿面的逼近程度。

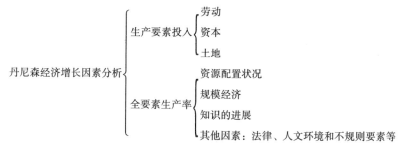

图 2 - 1　丹尼森经济增长因素分析

全要素生产率的概念最早由首届诺贝尔经济学奖得主 Tinbergen 在 1942 年提出，他在生产函数模型中除传统的生产要素资本和劳动投入变量外，还纳入了时间趋势变量反映生产效率，但该模型没有考虑研发、教育等非物质生产要素对产出的影响。随后，美国经济学家 Stiglitz 在 1947 年首次测算了美国制造业的 TFP。Davis（1955）在其《生产率核算》专著中首次明确界定了全要素生产率的内涵，指出在测算全要素生产率时要全面考虑所有投入要素如劳动力、资本、原材料，而不能仅仅只基于部分投入要素来测算全要素生产率。Solow（1956）提出了索洛余项（Solow Residual），认为在规模报酬不变的情形下产出增长率中扣除投入增长率，剩下的余项代表技术进步率。但是，Hulten（2001）认为索洛余项实际上更符合全要素生产率的内涵，因为其反映了在产出增长中不能由投入增长所解释的比例，索洛余项中不仅体现技术进步的变动，还体现了度量误差、遗漏变量、随机因素等的影响，因此将索洛余项理解成全要素生产率更恰当。Denison（1962）借鉴索洛模型的思想，指出 TFP 增长率可以用产出增长率减去各种要素投入增长率的余项来衡量。Jorgenson 和 Grilliches（1967）认为如果在生产函数模型中将所有的投入要素都考虑进来，并且各种投入要素变量不存在度量误差，全要素生产率的数值应该为零。他们对全要素生产率进行了系统的研究，指出全要素生产率描述的是产出增长中不能由要素投入增长所解释的部分，反映了除要素投入外的因素如新技术、干中学、组织管理能力等带来的产出增长的部分。全要素生产率可以分解成技术进步、技术效率和规模效率。

（二）农业全要素生产率的测算方法

TFP 的测算方法主要有四类：①增长核算法；②指数法；③数据包络分析（Data Envelope Analysis，DEA）方法；④随机前沿（Stochastic Frontier Analysis，SFA）方法。前两类方法假定所有的决策单元都是技术有效的，通常用于总量时间序列样本测度技术进步或者 TFP 变化；后两类方法不假定决策单元是完全技术有效的，通常用于截面数据，测度决策单元的相对效率。如果有面板数据，数据包络分析方法和随机前沿方法也可以测度技术进步和技术效率的变化。增长核算法和随机前沿方法都属于参数方法，指数法和数据包络分析方法属于非参数方法。表 2 - 3 比较了 TFP 的四种主要方法。

1. 增长核算法

增长核算法是基于索洛余项的思想，利用生产函数模型估计出投入对产出的弹性，全要素生产率等于产出增产率减去投入增长率的加权和所得到的差，如下所示：

$$\frac{d(TFP)}{TFP} = \frac{dY}{Y} - \alpha \frac{dL}{L} - \beta \frac{dK}{K} \tag{2 - 1}$$

式中，Y 代表产出，L 和 K 分别代表劳动投入和资本投入。

增长核算法的关键在于如何估计产出对投入的弹性。已有文献通常的做法是利用生产函数模型估计产出对投入的弹性，或是采用经验值的方法确定。因此对于投入产出弹性的估计方法的不同，使得增长核算法的计算结果可比性较差。此外，该方法对 TFP 的测算结果还依赖于生产函数形式的选择，如果采用柯布道格拉斯生产函数则意味产出对投入的弹性是恒定的，投入之间的边际替代率是固定的，而这些假定可能同实际不符。

2. 指数法

指数法的核心思想就是用产出指数与投入指数之比来表示全要素生产率。而在产出指数和投入指数的计算中都涉及不同类型的产出和不同类型的投入在加总过程中权重如何选择的问题。郑绍濂和胡祖光（1986）介绍了 TFP 的算术指数、几何指数算法。冯海发（1986，1987）提出了在要素生产率指数计算中可以通过经验权数、比重权数、抽样权数或弹性权数四种方法来确定不同类型投入和产出的权重。还有很多其他形式的 TFP 指数，如 Divisia 指数和 Tornqvist 指数。

3. 数据包络分析方法

数据包络分析主要是利用线性规划技术和对偶原理（Dual Approach）来确定生产前沿面，其本质是先通过所观测实际生产点的数据来构造生产前沿包络面，然后把非数据包络分析有效的生产单位影射到数据包络分析有效的生产前沿包络面上，再基于一定有效性标准来寻找包络面上的相对有效点，通过比较非数据包络分析有效的生产单位偏离 DEA 有效生产前沿面的程度来评价各生产单位相对效率。数据包络分析方法的优点在于无须对生产函数的形式等进行假设，可以分析多投入多产出的问题，缺点在于数据包络分析方法构造的前沿面是确定的将随机误差也归入了技术非效率，数据包络分析方法依靠线性规划方法无法对结果进行统计检验，但是估计结果对异常数据点高度敏感。

4. 随机前沿方法

Aigner 等（1977）、Meeusen 和 Van Den Broeck（1977）分别独立提出了随机前沿生产函数模型的基本框架，该模型将传统的生产函数模型中的误差项分解成了两部分：一部分代表随机因素的影响，另一部分则代表了技术非效率（Technical Inefficiency）。随机前沿方法主要沿袭传统生产函数的思想，通过确定一个合适的前沿生产函数来描述生产前沿面，即首先根据需要确定具体生产函数形式，然后利用计量经济学方法估计出前沿生产函数中的未知参数，继而求出实际产出与潜在产出的比值。随机性前沿面则将生产前沿面看作是可控的确定性因素与不可控的随机因素共同作用的结果，将整个误差项表示为技术非效率项和随机误差项的复合误差项。计算公式如下：

$$Y_{it} = X_{it}\beta_{it} + V_{it} - U_{it} \tag{2-2}$$

式中，Y_{it} 是第 t 期第 i 个决策单元的产出；X_{it} 是第 t 期第 i 个决策单元的 $k \times 1$ 维投入向量；β_{it} 是 $1 \times k$ 维的未知参数向量；V_{it} 是经典白噪声，服从 $N(0, \sigma_V^2)$ 分布；U_{it} 代表技术非效率，服从半正态分布、截尾正态分布或者指数分布等。

随机前沿方法的优点在于能够对模型的设定和参数估计进行统计检验，所构造的生产前沿面是随机的，能够区分随机扰动项和技术非效率的影响，并能够通过一步法分析技术非效率的影响因素，但是 SFA 也存在着需要确定生产函数形式、对技术非效率的分布形式的假定，只能分析单产出多投入的生产问题的缺陷。

表 2 – 3　TFP 的四种主要方法比较

性质	生产函数法	指数法	数据包络方法	随机前沿方法
是否是参数方法	是	否	否	是
是否考虑白噪声	是	否	否	是
是否能够衡量				
技术效率	否	否	是	是
配置效率	是	否	是	是
技术进步	是	否	是	是
规模效率	是	否	是	是
全要素生产率	是	是	是	是
对数据结构的要求				
截面数据	是	是	是	是
时间序列	是	是	否	否
面板数据	是	是	是	是
对数据形式的要求				
投入数量	是	是	是	是
产出数量	是	是	是	是
投入品价格	否	是	否	否
产出品价格	否	是	否	否

（三）我国农业全要素生产率的变化特征

国内外学者对各国农业全要素生产率进行了大量的研究，在此主要针对以我国农业为研究对象的文献进行梳理，下面将从研究范围、研究方法、样本数据和研究结论四个方面总结这类研究的特点。

1. 研究范围的特点

在实证研究中，对农业全要素生产率的估算从研究范围来看可以分为两大类：一是广义的农业范畴，即农业涵盖了种植业、林业、畜牧业和渔业，以广义农业为研究对象估算的农业全要素生产率衡量的是农林牧渔整体的投入产出效率；二是狭义农业的范畴，即重点研究农业内部细分行业的投入产出效率问题，如专门估算小麦种植或玉米种植、家禽养殖或生猪养殖的全要素生产率。表 2 - 4 和表 2 - 5 分别罗列了国内外学者对广义农业和细分农业行业的全要素生产率的主要研究结论。

2. 研究方法的特点

从研究方法来看，1995 年以前的研究多采用指数法估算全要素生产率，如 McMillan 等（1989）、Wen（1993）。后来涌现了一批采用 Tornqvist - Theil 指数、HMB 指数的研究，如李静和孟令杰（2006）、张永霞（2006）等。2000 年以后，研究者更多采用 DEA 方法和 SFA 方法，一方面可以归结于这两类方法相对于指数法具有能够将全要素生产率分解成技术进步和技术效率、对投入产出数据的要求较低不需要投入品和产出品的价格数据等优点，另一方面是基于 DEA 方法和 SFA 方法的软件，如 DEAP，FRONTIER 等软件的问世推广了 DEA 和 SFA 方法的运用，使得 DEA 方法和 SFA 方法中复杂的运算问题在软件辅助下方便地解决。

3. 样本数据的特点

2000 年以后的文献的研究期间多集中在 1978 年以后，学者主要关注的是改革开放以来我国农业全要素生产率的变化。2000 年以前的文献如 McMillan 等（1989）、Kalirajan 等（1996）关注改革开放初期我国全要素生产率的变化，以 1978～1984 为研究期间，也有部分早期的文献将研究期间扩展到更早，如 Wen（1993）的研究期间是 1952～1989 年，Fan（1991）的研究期间是 1965～1983 年。

从样本数据来看，现有研究主要利用了两种层面的数据，一是宏观层面的数据，如全国层面的投入产出数据，如张永霞（2006）和 Wen（1993）。更多的宏观层面的研究则采用省级层面的数据，先估算各个省区市的全要素生产率，然后再对各个省区市全要素生产率求几何平均数得到全国全要素生产率，如江激宇等（2005）、陈卫平（2006）、Chen 等（2008）、郭军华和李帮义（2009）、Tong 等（2012）等。二是以微观层面农户的经营数据为样本估算广义农业和细分农业行业的全要素生产率，比较典型的有李谷成等（2007）、田露和张越杰（2008）、曹暕（2005）等。

4. 研究结论

现有文献比较一致的研究结论是：改革开放以来，我国农业全要素生产率呈现波动性的增长趋势。在改革开放初期，农业全要素生产率增速明显，1985年以后农业全要素生产率增速放缓，进入20世纪90年代后期农业全要素生产率又呈现明显增加趋势。我国农业全要素生产率的增加主要依靠农业技术进步推动，而农业技术效率却呈现一定程度的下降。

表 2 - 4   中国农业全要素生产率的趋势特征

文献	样本期间	研究方法	研究结论
江激宇等 （2005）	1978～2002 年	DEA	农业 TFP 年均增长 1.7%，农业 TFP 主要靠农业技术进步推动，技术进步年均增长 3.12%，但技术效率年均下滑 1.14%
张永霞 （2006）	1979～2003 年	Tornqvist - Theil 指数	农业 TFP 年均增长 4.48%
陈卫平 （2006）	1990～2003 年	DEA	农业 TFP 年均增长 2.59%，其中，农业技术进步指数年均增长 5.48%，而农业效率变化指数反而年均下降 2.78%
李静和孟令杰 （2006）	1978～2004 年	HMB 指数	农业 TFP 年均增长 2.2%，技术进步是唯一促进中国农业 TFP 保持增长的决定力量，年均增长 3.3%，技术效率的下滑使得 TFP 年均下降 1.4% 左右
郭军华和 李帮义（2009）	1985～2007	DEA	我国农业 TFP 增长呈现明显的波动特征，可以显著地分为 1985～1996 年、1996～2002 年、2002～2007 年三个阶段。其中，1985～1996 年农业 TFP 平均增长率为 6.7%；1996～2002 年农业 TFP 为负增长，平均增长率为 -2.8%；2002～2007 年农业 TFP 恢复增长，平均增长率为 6.0%。
全炯振 （2009）	1978～2007 年	SFA	农业 TFP 年均增长率为 0.7%，其增长主要来自农业技术进步
李谷成 （2009）	1978～2005 年	DEA	农业 TFP 年均增长 2.8%，技术进步年均增长 4.3%，技术效率年均下滑 1.4%，农业 TFP 增长主要由前沿技术进步贡献，效率改善的作用相对有限

续表

文献	样本期间	研究方法	研究结论
Mao 和 Koo (1997)	1984~1993 年	DEA	农业 TFP 年均增长 3.14%，技术进步年均增长 1.42%，技术效率年均下滑 1.37%
Tong 等 (2012)	1993~2005 年	DEA	农业 TFP 年均增长 5.4%，技术进步年均增长 1.6%，技术效率年均下滑 3.6%
Wu 等（2001）	1980~1987 年	DEA	农业 TFP 年均增长 3.8%，技术进步年均增长 2.4%，技术效率年均下滑 1.3%
Chen 等 (2008)	1990~2003 年	DEA	农业 TFP 累积增长 74.8%，技术进步累积增长 53.4%，技术效率累积下降 25.2%
McMillan (1989)	1978~1984 年	固定权重指数法	农业 TFP 年均增长 5.8%
Fan（1991）	1965~1983 年	前沿生产函数	农业 TFP 年均增长 2.1%
Wen (1993)	1979~1989 年	可变权重指数法	1979~1985 年农业 TFP 年均增长 8.9%，1985~1989 年农业 TFP 年均增长 1.4%
Kalirajan 等 (1996)	1978~1987 年	前沿生产函数	1978~1984 年农业 TFP 年均增长 1.28%，1984~1987 年农业 TFP 年均增长 0.92%
Lambert 和 Parker (1998)	1978~1995 年	DEA	1978~1984 年农业 TFP 年均增长 1.28%，1985~1989 年农业 TFP 年均下降 0.45%，1990~1992 年农业 TFP 年均增长 2.45%，1993~1995 年农业 TFP 年均增长 5.97%，1978~1995 年 TFP 年均增长 1.8%
Hsu 等（2003）	1984~1999	DEA	1984~1992 年农业 TFP 年均下降 0.5%，1993~1999 年农业 TFP 年均增长 0.3%，1984~1999 年农业 TFP 年均下降 0.1%
潘丹和应瑞瑶 (2013)	1998~2009 年	Malmquist Luenberger 指数	当考虑资源环境约束时，TFP（Malmquist - Luenberger 指数）年均增长 2.9%，，农业技术进步年均增长率 2.8%，农业技术效率年均增长率 0.1%
郭萍等 (2013)	1988~2007 年	Fare - Premont 指数	1988~2003 年农业 TFP 地区差异逐渐缩小，2003~2007 年农业 TFP 地区差异则逐渐扩大
夏佳佳等 (2014)	1979~2011 年	Hicks - Moorsteen 指数	农业 TFP 年均增长 2.1%~2.7%，其中技术进步年均增长 3.0%~3.6%，混合规模效率年均增长 0.6%

续表

文献	样本期间	研究方法	研究结论
韩中 (2013)	1978~2008 年	DEA	农业 TFP 以年均 4.3% 的速度增长,其中技术进步年均增长 4.7%,而技术效率年均下降 0.4%,农业技术进步和创新是促使中国农业全要素生产率稳步增长的主要源泉动力
刘晗等 (2015)	1990~2013 年	随机前沿生产函数	农业 TFP 增长呈现递增趋势;不同区域的农业全要素生产率增长差异明显,但差别在逐步缩小;要素配置效率是影响农业全要素生产率增长的主要因素
高帆 (2015)	1992~2012 年	DEA – Malmquist 指数	农业 TFP 的年均增长率为 3.1%,技术进步是引致我国及各省份农业 TFP 变动的主要因素,东部、中部和西部的农业 TFP 依次下降
史常亮等 (2013)	1993~2013 年	随机前沿生产函数	中国农业生产存在明显的效率损失,平均技术效率偏低且处于不断恶化状态;样本期间农业 TFP 增长呈现出先降后升的 U 形趋势,年均增长率为 1.74%,农业技术进步是其增长的主要动力,但技术效率下降产生的负面影响也不可忽视
揭懋汕等 (2016)	1992~2011 年	随机前沿生产函数	农业生态 TFP 年平均增长 4.47%,低于传统 TFP,但两者差距有缩小的趋势,2011 年前者超过后者。农业生态 TFP 贡献了中国农业总产值增长的 54.9%,比传统 TFP 的份额低了 3.6%,要素投入贡献为 45.1%
刘战伟 (2017)	2001~2013 年	SBM – Global Malmqusit	农业 TFP 呈现较大的波动性,但从长期看呈现增长的态势,其动力主要源于技术进步,而不是技术效率的改善;技术进步与技术效率水平的变化严重背离
尹朝静 (2017)	1978~2016 年	DEA	农业 TFP 增长总体上不断提高,农业技术效率不断恶化,农业技术进步指数大于 1,东部地区和粮食主销区等经济发展水平较高地区的 TFP 指数增长较快,并且这些地区的农业技术进步指数也明显高于中西部地区和粮食主产区
李文华 (2018)	1998~2015 年	DEA	农业 TFP 增长显著,但波动性较大,且呈现出东、中、西部依次递减的趋势;农业 TFP 增长主要来自技术进步而不是效率改变

续表

文献	样本期间	研究方法	研究结论
王留鑫和洪名勇（2018）	1997～2014 年	随机前沿生产函数	农业 TFP 增长存在波动，年均值为 8.59%；技术进步变化率是其主要推动因素，而要素配置效率变化率和规模效率变化率对农业全要素生产率的贡献仍较小
周鹏飞等（2019）	2007～2016 年	DEA	农业 TFP 年均增长率为 3.1%，对第一产业总产值增长的贡献率为 78.43%；农业 TFP 的增长呈现技术进步和技术效率改善双轮驱动的良性格局
王军和杨秀云（2019）	1979～2016 年	DEA	农业 TFP 经历了从波动增长到平稳增长的转变，年均增长率为 3.4%，农业 TFP 的增长主要得益于农业技术进步

表 2-5　中国农业细分行业的农业全要素生产率的研究结论

文献	行业	研究方法	研究结论
Lin（1992）	种植业	生产函数法	1978～1984 年种植业 TFP 年均增长 3.42%，1984～1987 年种植业 TFP 年均增长 0.68%
Colby 等（2000）	水稻、小麦、玉米和大豆	Tornqvist index	1978～1985 年 TFP 年均增长 5.4%，1986～1994 年 TFP 年均增长 0.4%，1995～1997 年 TFP 年均增长 0.8%
Nin 等（2003）	种植业和养殖业	DEA	1965～1994 年种植业 TFP 年均增长 0.69%，养殖业 TFP 年均增长 1.8%
Jones 和 Arnade（2003）	种植业和养殖业	DEA	1981～1990 年种植业 TFP 年均增长 0.10%，养殖业 TFP 年均增长 4.38%；1991～1999 年种植业 TFP 年均增长 5.75%，养殖业 TFP 年均增长 10.82%
Mead（2003）	种植业和养殖业	生产函数法	1982～1984 年 TFP 年均增长 5.6%，1984～1989 年 TFP 年均下降 0.4%，1989～1996 年 TFP 年均增长 1.9%，1996～1999 年 TFP 年均增长 0.2%
Rae 等（2006）	生猪养殖业	SFA	1982～1990 年 TFP 年均增长 3.8%，1990～2000 年 TFP 年均增长 1.5%
李道和等（2008）	茶叶种植	DEA	1998～2003 年绿茶 TFP 的年均增长率为 1.61%，2001～2005 年红茶 TFP 增长率为 3.53%
季凯文（2016）	生物农业	DEA - Malmquist 指数	2008～2011 年我国生物农业 TFP 总体呈现明显的增长态势，主要源于技术效率改善带来的促进作用，但缺乏长久持续增长的动力

续表

文献	行业	研究方法	研究结论
刘俊华等 （2015）	乳业	DEA	2011～2012 年乳业 TFP 指数平均值为 1.04，增加的主要因素是技术进步和规模增加
刘洋（2015）	海水养殖	DEA	2002～2009 年海水养殖 TFP 动态均值有较明显改善，其中技术进步贡献高，技术效率贡献低
白秀广等 （2015）	苹果种植业	随机前沿 生产函数	1992～2012 年苹果单产增长的来源与地区有关，环渤海地区主要依赖于投入要素的增长，而黄土高原区主要依赖 TFP 的增长，技术进步对单产和 TFP 的增长贡献最大，且技术进步是劳动力节约型、化肥节约型和物质消耗型，技术效率损失最严重，规模效率对全要素生产率的贡献为正
冯晓龙等 （2017）	苹果种植业	Malmquist - Luenberger 指数	1994～2013 年碳排放约束下农业 TFP 平均增长率为 2.98%，其中技术效率增长为 0.91%，技术进步率增长为 2.61%，说明技术进步的贡献相对较高
史常亮（2017）	林业	DEA	2004～2015 年 TFP 年均增长 16.48%，其中技术变化贡献了 16.92 个百分点，是 TFP 增长的主要动力，技术效率变化贡献了 -0.37 个百分点
左永彦和冯兰 刚（2017）	生猪养殖	SML 指数	2004～2013 年中国规模生猪养殖 TFP 主要受到技术进步的拉动，在考察期内以年均 5.29% 的速度增长，技术效率在波动中无明显改善
祝丽云等 （2018）	乳业	Malmquist - Luenberger 指数	2011～2015 年在环境约束下中国乳业供应链、奶牛养殖阶段和乳制品加工阶段的 TFP 分别以 5.36%、9.50% 和 3.40% 的年均速度增长，且技术进步是其增长的动力源泉
董娅楠等 （2018）	林业	DEA - Malmquist 模型	2006～2015 年中国林业 TFP 在总体上平稳发展，个别地区出现上升；28 个省份的年均 TFP 增长率约为 16.7%，效率变化对林业 TFP 增长的贡献更大
许冬兰等 （2018）	近海捕捞业	SBM - Malmquist 指数	1994～2015 年低碳 TFP 年均增长率为 3.26%，其中黄渤海海域对其贡献度为 3.90%，东海海域为 4.32%，南海海域为 1.18%，我国近海捕捞业低碳 TFP 的增长主要源于技术进步，技术效率和规模效率反而制约了其增长

续表

文献	行业	研究方法	研究结论
杨春和王明利（2019）	肉牛养殖生产	DEA - Malmquist 模型	2009～2017 年专业育肥场户 TFP 增长率总体保持增长态势，TFP 增长率年均水平为 1.8%，技术效率增长率为 -0.4%，技术进步增长率为 2.2%，技术进步是推动 TFP 增长的主要因素
陈柱康等（2019）	水稻	Malmquist - Luenburger 指数	2006～2015 年中国考虑碳排放的水稻 TFP 呈先增后降的阶段性特征，且整体处于恶化状态，仅少数省份实现了增长；整体增长动力来源由技术效率改善向前沿技术进步转变，而实现增长的省份主要得益于前沿技术进步和技术效率改善的双重作用
韩振等（2019）	肉羊养殖	DEA - Malmquist 模型	2012～2017 年牧区县肉羊养殖 TFP 结束了年际间较大幅度的波动状态，呈趋稳增加态势，肉羊舍饲模式的生产效率得到提升，但牧区肉羊养殖 TFP 仍有待进一步提高，尤其是自繁自育肉羊养殖技术进步效率还有很大提升空间
魏肖杰和张敏新（2019）	林业	DEA - Malmquist 模型	2006～2016 年林业 TFP 呈上升趋势，林业产业集聚主要通过林业综合技术效率途径来影响林业 TFP，而对林业技术进步影响不显著
延桢鸿和马丁丑（2019）	小麦	DEA - Malmquist 模型	2001～2016 年小麦 TFP 年均增长 2.8%，其中东北地区增长最快，东部地区增长速度略高于中部地区，西部地区发展缓慢

（四）农业全要素生产率的影响因素

1. 宏观层面的影响因素

现有文献对农业全要素生产率的影响因素有大量研究，典型因素包括制度变革、农业政策、自然气候条件、劳动力流动、农村金融发展、农业 FDI、生产性服务业发展等。典型的文献有：

（1）制度变革。Fan（1991）将全国分为七大地区，研究地区之间 TFP 的差异，发现家庭承包责任制对不同地区的农业增长有差异，制度变迁比技术进步对 TFP 的贡献更明显。Fan 等（2004）的研究也表明 1978～1984 年中国农业增长的

60%源于农村改革，而1985~2000年农村体制改革对于农业增长的贡献并不显著。Lin（1992）的研究指出，1978~1984年农业产出增长中的47%可以归功于家庭联产承包责任制的推行，随着制度的变迁其效应逐步显现，1984~1987年家庭联产承包责任制对农业增长不再有显著贡献。

（2）农业政策。Fulginiti和Perrin（1993，1997）以1961~1985年18个发展中国家为样本分析农产品价格政策和其他农业政策对农业生产率的影响，研究发现农业税越高的国家，农业生产效率越低。Rozelle等（1997）指出在食品市场实施自由经济政策后，市场一体化使市场和生产者的效率得以改善。张永霞（2006）指出影响农业TFP的主要因素有农业研发支出、技术推广、教育投资、农业税、农产品价格政策。陈卫平（2006）针对玉米种植行业的研究发现，玉米种植业的全要素生产率主要受到粮食流通制度、技术创新和玉米价格波动的影响。祖立义等（2008）的研究表明，1985~2005年我国种植业全要素生产率年均增长率为1.44%，在影响我国种植业全要素生产率指数的各个因素中，改革开放等政策因素的贡献最突出。高鸣等（2016）对粮食直接补贴对小麦种植农户的全要素生产率的影响效应进行了研究，发现对于经营规模为0~6亩农户，粮食直补促进人力资本的投入，对于经营规模在6亩以上的农户，粮食直补促进了要素投入，粮食直接补贴对农户的小麦生产技术效率具有积极作用，但是对经营规模为6亩以上农户的小麦全要素生产率作用不显著。

（3）自然气候条件。Huang和Rozelle（1995）的研究发现，1984~1990年中国农业增长速度1.8%，明显低于1978~1984年的4.7%，他们认为这是由于地方环境的恶化，土壤肥力下降、土壤酸性化、盐碱化导致了农业增长放缓。Jin等（2002）利用Tornqvist – Theil TFP指数计算了中国1980~1995年大米、小麦和玉米生产的全要素生产率，研究发现气候对大米、小麦和玉米生产的TFP有显著影响。金怀玉和菅利荣（2013）指出气候变化所造成的自然灾害频发对农业全要素生产率有负面影响。得出同样结论的还有孙致陆和李先德（2014）、赫国胜和张微微（2016）、尹朝静（2017）。林光华和陆盈盈（2019）发现了气温与冬小麦全要素生产率之间存在非线性关系，高温会显著降低冬小麦的技术效率和技术进步，尤其对技术进步的影响更显著，高温降低全要素生产率。

（4）劳动力流动。Rozelle等（1999）基于劳动力转移的研究框架分析了移民和汇款对中国农业生产率的影响，发现移民和汇款对玉米生产的净效应是负面的。李士梅和尹希文（2017）分析了我国东中西部地区的劳动力转移对农业生产效率的影响因素，研究发现西部地区劳动力减少抑制了全要素生产率进步，而中部地区农业劳动力转移则促进了农业全要素生产率提升。

（5）农村金融发展。农村金融能够促进农业规模化现代化发展，促进农业发展转型。现有的研究对农村金融的发展对农业全要素生产率的影响效应主要有三类结论，分别是促进作用、抑制作用、影响效应受到其他因素的制约。

Chavas 等（2005）对哥伦比亚农户的研究中发现更易获得信贷农户的技术效率更高。尹雷和沈毅（2014）利用省级动态面板数据的 GMM 分析方法发现农村金融发展对农业全要素生产率具有正向促进作用，农村金融发展促进全要素生产率增长主要是农业技术进步效应，而不是农业技术效率效应。金川（2014）、赫国胜和张微微（2016）的研究指出农业信贷增加了资金流动性，促进了投资和资源配置效率的提高，从而提高了农业全要素生产率。井深和肖龙铎（2017）指出农村正规与非正规金融发展对农业全要素生产率增长均具有显著促进作用，但作用渠道各异，正规金融主要通过技术进步渠道，而非正规金融主要通过技术效率渠道来促进农业全要素生产率增长。

李晓阳和许属琴（2017）的研究则得出不同的结论，他们发现农村金融发展对农业全要素生产率具有抑制作用，并且会随农地经营规模的扩大而逐渐加剧。李梦琪（2019）指出农村金融发展规模对全要素生产率发展具有较弱的反向作用。Battese 和 Broca（1997）对巴基斯坦农户的研究发现农户信贷给技术效率带来了显著的负效应。

此外，还有一部分学者认为农村金融对农业全要素生产率的影响效应受到了其他因素的制约。例如孟守卫（2018）将农村金融市场特征引入研究框架中，指出农村金融市场结构对农业全要素生产率的提高同样具有显著的负向效应，垄断程度较强的农村金融市场结构不利于农业全要素生产率水平的提高。此外，农村金融市场结构对农业发展的影响具有较大的区域差异性。例如，陈启博（2019）研究发现正规金融只有在经营规模达到门槛值后才能促进农业全要素生产率增长，而非正规金融无论经营规模是否达到门槛值均有促进作用，并且在达到门槛值后促进作用更强。

（6）农业 FDI。农业 FDI 对农业全要素生产率的作用机制比较复杂，现有文献有不同的研究结论。

孙致陆和李先德（2014）研究发现，农业 FDI 对中国农业技术效率和农业技术进步均具有显著的正向影响，从而在总体上促进了中国农业全要素生产率的增长，王亚飞等（2019）得到类似结论。但孟令杰和李新华（2014）却指出农业 FDI 对农业全要素生产率和农业技术效率具有显著的负面影响。马巍等（2016）利用我国 27 省份的面板数据建立门槛回归模型，研究发现开放经济环境下农业外商直接投资对我国农业全要素生产率影响具有非线性特征，出口依存度低于 6.4% 时农业 FDI 对农业全要素生产率有负效应，出口依存度介于 6.4% 和 21.7% 之间时影响不显著，出口依存度高于 21.715% 时，农业 FDI 对农业全要素生产率有显著的正效应；农业 FDI 对农业全要素生产率影响呈现 U 形特征，而对外投资率存在单一门槛，当地区的对外投资率低于 0.3% 时，农业 FDI 对农业全要素生产率有显著的负效应。

（7）生产性服务业的发展。生产性服务业是农业高质量发展的主要动力，对我国农业发展升级转型有着重要的意义。郝一帆和王征兵（2018）指出生产性服务业主要通过推动技术进步来提升农业全要素生产率，对农业技术效率则产生了不同程度的抑制效果。但是在现实中，生产性服务业对农业全要素生产率的影响机制却比较复杂。例如，秦天等（2017）的研究发现要素禀赋对生产性服务业对农业全要素生产率的影响有制约作用，随着人地比例扩大和农村人力资本水平提高，生产性服务业对农业全要素生产率增长效应呈现先负后正的 U 形特征。

2. 微观层面的影响因素

（1）农户规模。关于农户规模和农业效率之间的关系一直存在争论。由于要素市场不完全（Carter et al.，2003）、耕地利用程度的差异（Chapman et al.，2003）、农户异质性、组织内部交易成本监督激励机制的差异（Eswaran & Kotwal，1985）等原因可能造成农户规模和农业生产效率之间的负相关。Wan 和 Chen（2001）认为地块细碎化增加农业经营成本，阻碍了大型农业机械的推广运用，会降低农业生产效率。但是在发展中国家由于人多地少，耕地细碎化也有利于农户发挥精耕细作优势、积累种植经验、农地利用多样化以及缓解农业劳动力季节性供给不足（Fenoaltea，2003）。Chavas 等（2005）的实证研究表明耕地细碎化并不会对农户效率产生显著影响。

（2）非农经营活动。Hazell 和 Hojjati（1995）、Goodwin 和 Mishra（2004）等的研究表明，非农经营活动使农户获得更多现金流改善农业生产条件。但是农村劳动力外出务工会使农业经营出现劳动力季节性供给不足，也使农业技术难以在农村留守劳动力中进行推广。李谷成（2008）发现农户所从事的非农经营活动对农户全要素生产率产生了不利影响。

（3）农户个人特征：农户的干部身份、户主年龄、专业化程度等。李谷成等（2008）和曹暕（2005）对此有详细的探讨。张慧（2019）研究发现农村剩余劳动力的流失可通过提高农业劳动力受教育程度和劳动力综合素质进行有效弥补，从而持续促进农业全要素生产率的增长。

（五）对现有研究的评价

对 TFP 的测算理论方法已经发展得比较成熟，但是在实际运用中还存在一些问题，如对于农业生产过程中的要素投入尤其是资本投入的测度，对于农业固定资产存量、折旧率还没有形成一致的处理方法，不同学者的实证研究结论的可比性较差，导致研究结论有较大的差异。

对我国农业 TFP 变化特征的研究。早期的研究主要集中在对农业全要素生产率、技术进步、技术效率的测算，及其在不同阶段的变化规律的研究，近年来也出现了从农业 TFP 收敛性角度研究地区差异的文献，如韩晓燕和翟印礼（2005）、赵蕾（2007）、杨刚和杨孟禹（2013）、韩中（2013）和李欠男等（2019），由于研究方法和样本数据的差异，并未得出一致的研究结论。

对中国农业全要素生产率影响因素的早期研究重心主要集中在制度层面，主要的研究结论是家庭联产承包责任制在改革初期对农业 TFP 的增长有着显著的贡献，但是制度变革对农业 TFP 的推动效应逐渐消退（Lin，1992；Fan et al.，2004）。近年来对农业全要素生产率的影响因素转向了更加开阔的研究视角，如农产品流通制度（陈卫平，2006），农业补贴政策（高鸣，2016），自然气候条件（尹朝静，2017；林光华和陆盈盈，2019），农村金融（尹雷和沈毅，2014；李晓阳和许属琴，2017），农业 FDI（孙致陆和李先德，2014），农户经营规模，非农经营，户主的干部身份、年龄和专业化程度等（张慧，2019），对农业全要素生产率却有显著影响。现有研究还发现了农村金融、农业 FDI 对农业全要素生产率的影响效应是非线性的，受到其他因素的制约（孟守卫，2018；马巍等，2016）。

四、本章小结

通过对现有文献进行梳理，可以发现有关农村基础设施建设效应的文献大多集中在对农业总产值、生产成本、生产性投资的影响研究上，比较缺乏对农业增长的核心——农业全要素生产率的影响研究，对于农村基础设施对农业全要素生产率的作用机制研究不够深入。另外，在围绕农业全要素生产率影响因素的文献中，现有文献主要集中在宏观政策、自然气候条件、农村金融发展、农业 FDI、农户经营规模和农户个人特征方面，缺乏对农村基础设施对农业全要素生产率的影响研究。

本书从农业全要素生产率的视角对我国农村基础设施对农业增长的影响进行全面的考察，从时间和空间的维度探究农村基础设施对农业全要素生产率的影响效应，结合我国区域差异和公共政策演进，分析这种影响效应的区域差异和阶段性差异。还基于空间经济学的研究框架对农村基础设施的空间溢出效应进行研究，对农村基础设施的建成效应进行更加全面的评估。

第三章　农村基础设施建设与农业全要素生产率趋势分析

在进行实证分析之前，本章对中国农村基础设施建设与农业全要素生产率的变化趋势进行了研究，概括其历史变化的特征，以及对我国农村基础设施建设和农业全要素生产率的历史演变及现状进行概括。

一、农村基础设施建设趋势分析

（一）农村基础设施投资总量变化

1. 农村基础设施投资绝对规模增长较快

农村基础设施投资规模可以从绝对规模和相对规模两个角度来考察。在我国关于现行统计调查体系中没有专门的农村基础设施投资指标，与农村基础设施投资在范畴上较为接近的指标是农业部发布的农业基本建设投资。根据农业部颁发的《农业基本建设项目管理办法》①，农业基本建设投资主要用于需要投资建设的公益性、基础性和示范引导性农业项目。农业基本建设投资原则上须形成新的固定资产和生产（业务）能力，不包括投资在 5 万元以下（含 5 万元）的零星单台（件）设备、仪器、器具购置和单项土建工程项目；不包括在项目建设中的生产费用、行政费用，科研、教育、培训费用。农业基本建设投资主要投资于

---

① 农业部令第 39 号《农业基本建设项目管理办法》。

非经营领域的基础设施项目，拥有广泛的受益对象。从这种意义上可以将农业基本建设投资作为反映农村基础设施投资规模的一个指标。

考察各个五年计划时期农业基本建设投资占基本建设投资比重可以发现，在"一五"时期（1953～1957年）农业基本建设投资占基本建设比重达7.1%，在"二五"时期（1958～1962年）该比重达到历史中的最大值11.3%。"二五"时期农业基本建设投资的绝对规模是"一五"时期的3.25倍，虽然农业基础设施投资的规模和在基本建设投资中所占比重都显著增加，但这是以1958年以来的"大跃进"运动、国民经济比例失调、财政赤字为代价的。"三五"时期（1966～1970年）农业基本建设投资规模回落，农业基本建设投资占基本建设投资比重达10.7%，1966年开始的"文化大革命"打乱了正常的社会经济建设，国家集中力量发展重工业建设，压缩了对农业建设的扶持。"四五"时期（1971～1975年）国家适当改变了以备战和三线建设为中心的经济建设思想，重视对农业的投入，在这一时期农业基本建设投资规模比前一阶段显著增加，农业基本建设投资占基本建设投资比重为9.8%。"五五"时期（1976～1980年）中央把工作重心转移到社会主义现代化建设，提出加快农业建设。在这一时期农业基本建设投资达到246.1亿元，占基本建设投资比重为10.5%。1979年，为了调整严重失调的国民经济比例关系，中央提出在未来两年内要压缩基本建设投资①，这直接导致了"六五"时期（1981～1985年）农业基本建设投资下滑到172.8亿元，占基本建设投资比重下降到5.1%。在"六五"时期（1981～1985年），由于"工业项目财政增收效果比较明显，地方政府重视工业发展而往往忽视农业发展，农业基本建设和支援农村生产支出较少②"。进入"七五"时期（1986～1990年），农业基本建设投资达到241.2亿元，虽然绝对投资规模比前一阶段有显著增加，但占基本建设投资比重下滑到3.3%。说明在这一时期，农业基本建设投资的增加规模比其他行业的基本建设投资的增加规模相对小很多。这一时期我国农业增长较快，但由于财政支农投资相对不足，导致了农业基础薄弱、农业增长后劲不足。"八五"时期（1991～1995年）国家提出"农业的发

---

① 1979年4月5～28日召开的中央工作会议，http：//dangshi. people. com. cn/GB/151935/176588/176597/10556250. html.

② 中国农业财政政策的回顾与展望，http：//www. mof. gov. cn/zhengwuxinxi/diaochayanjiu/200902/t20090211_113203. html.

展，一靠政策，二靠科技，三靠投入"①，农业基本建设投资达到697.8亿元，农业基本建设投资年均增加26.7%，但农业基本建设投资占基本建设投资比重下降到历史的最低点3.0%。在"九五"时期（1996～2000年）中央对农业工作的重点是"多渠道增加投入，加强农业基础设施建设，不断改善农业生产条件，逐步形成以工补农、以工建农、以工带农的机制"②，农业基本建设投资迅速增加，这一时期农业基本建设投资是"八五"时期的4.50倍。"九五"时期（1996～2000年）各年的农业基本建设投资分别达到317.9亿元、412.7亿元、637.1亿元、835.5亿元和940亿元，2000年农业基本建设投资占基本建设投资的比重达

表3-1 "一五"至"十五"时期农业基本建设投资及其占基本建设投资比重

时期	"一五"	"二五"	"三五"
	1953～1957年	1958～1962年	1966～1970年
农业基本建设投资（亿元）	41.8	135.7	104.3
农业基本建设投资占基本建设投资比重（%）	7.1	11.3	10.7
时期	"四五"	"五五"	"六五"
	1971～1975年	1976～1980年	1981～1985年
农业基本建设投资（亿元）	173.1	246.1	172.8
农业基本建设投资占基本建设投资比重（%）	9.8	10.5	5.1

时期	"七五"	"八五"	"九五"	"十五"
	1986～1990年	1991～1995年	1996～2000年	2001～2003年
农业基本建设投资（亿元）	241.2	697.8	3143.2	3382.7
农业基本建设投资占基本建设投资比重（%）	3.3	3	5.6	6.3

资料来源：《中国农村统计年鉴（2014）》。

注：因统计口径调整，自2004年开始不再统计"农业基本建设投资"，"十五"期间农业基本建设投资只包括了2001～2003年三年的数据。

---

① 国务院关于依靠科技进步振兴农业加强农业科技成果推广工作的决定（1989-11-27），http://cpc. people. com. cn/GB/64184/64186/66701/4495368. html.

② 中共中央、国务院关于"九五"时期和今年农村工作的主要任务和政策措施（1996-01-21），http://news. xinhuanet. com/ziliao/2005-03/15/content_2699136. htm.

到 7.0%。2000 年以后，国家出台一系列"惠农"政策，农村基础设施建设投资逐年增加，农业生产条件得以显著改善。"九五"时期，农业基本建设投资总额比"八五"时期增加了 3.5 倍，"十五"时期前三年农业基本建设投资总额已与"九五"时期相当，说明国家对农业基本建设投资加大了投入比重。

从 2004 年起国家统计局不再单独统计农业基本建设投资，从 2007 年起财政部推行"收支分类"改革后也不再公布全国财政支农支出数据。目前，国家发改委会统计每年中央农林水利气象基本建设投资规模，1996～2008 年中央农业基本建设投资规模如图 3－1 所示。总体来看，我国农业基本建设投资规模同国家整体经济形势和宏观估计政策有密切联系，当国民经济面临困境时，对农业基本建设的投资比例迅速压缩，当三农问题受到国家高度重视时，农业基本建设投资显著增加。

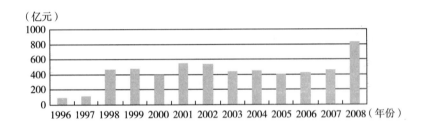

图 3－1　1996～2008 年中央农业基本建设投资

由于从 2009 年以后国家不再发布农业基本建设投资的数据，只能用政府农林水支出的数据从一个侧面反应国家对农业建设的投入情况。政府农林水支出包括农业、林业、水利、南水北调、扶贫、农业综合开发和其他农林水事务支出，涵盖了农村道路建设、水利工程建设与营运、农田水利、农村人畜饮水、农村基础设施建设等项目的支出。表 3－2 列出了 2009～2018 年农林水财政支出的数据，其中第 2 列农林水支出是中央财政和地方财政农林水支出的总和。从中可以看出，整体上农林水支出逐年增长，不同年份增长率有明显差异，以 3～4 年为周期增速呈现由高至低的周期性波动。2017 年和 2018 年中央农林水支出有所下降，地方农林水支出在 2017 年降至 3.2% 的低点以后，到 2018 年增速回升到 11.5%。

表3-2 2009~2018年中央和地方公共预算农林水支出

年份	农林水支出（亿元）	环比增长率（%）	中央农林水支出（亿元）	环比增长率（%）	地方农林水支出（亿元）	环比增长率（%）
2009	6720.41	—	318.7	—	6401.71	—
2010	8129.58	21.0	387.89	21.7	7741.69	20.9
2011	9937.55	22.2	416.56	7.4	9520.99	23.0
2012	11973.88	20.5	502.49	20.6	11471.39	20.5
2013	13349.55	11.5	526.91	4.9	12822.64	11.8
2014	14173.83	6.2	539.67	2.4	13634.16	6.3
2015	17380.49	22.6	738.78	36.9	16641.71	22.1
2016	18587.36	6.9	779.07	5.5	17808.29	7.0
2017	19088.99	2.7	708.74	-9.0	18380.25	3.2
2018	21085.59	10.5	592.3	-16.4	20493.29	11.5

表3-3列出了中央和地方农林水支出占财政总支出的比重，中央农林水支出在中央财政总支出中的比重呈现小幅下降的趋势，地方农林水支出在地方财政总支出的比重维持在10.5%左右。

表3-3 2009~2018年农林水支出占财政总支出的比重 单位:%

年份	中央	地方
2009	1.8	10.9
2010	2.4	10.6
2011	2.8	11.1
2012	2.9	11.1
2013	2.4	10.6
2014	2.6	10.7
2015	2.7	10.7
2016	2.5	10.3
2017	2.4	10.5
2018	2.1	10.5

2. 基础设施投资相对增幅不足

农村基础设施投资的绝对规模虽然有显著增加，但是相对增速却不明显。农业基本建设投资占基本建设的投资比重在"六五"时期达到 5.1%，"七五"时期下降至 3.3%，"八五"时期为 3.0%，1994 年该比例降至最低点 2.4%，"九五"时期为 5.6%，2000 年以后，农业基本建设投资占基本建设投资比重回升到 6% 以上的水平。2010 年以后，无论是中央财政还是地方财政支出中农林水支出比重都没有明显增加。

（二）农村公路、农田水利和农村水电建设投资

在农村与农业生产最密切相关的生产性基础设施是农村公路、农田水利和电力设施。农村公路是公路网的重要组成部分，是保障农村社会经济发展最重要的基础设施之一。农村公路包括县道、乡道和村道。农田水利主要是指为解决耕地灌溉和农村人畜饮水而修建的田间灌排工程、小型灌区、灌区抗旱水源工程、小型水库、塘坝、蓄水池、水窖、水井、引水工程和中小型泵站等设施。农村水电主要以小水电为主，而小水电建设一般不需要经过能源主管部门的审批，建设工期较短，投资额相对较少。表 3-4 列出了 2006~2017 年全国农村公路、农田水利、农村水电的建设投资额，从中可以看出农村公路投资和农田水利建设增势显著。由于农村小水电发电效率不高，对自然资源和环境有负面影响，农村水电投资自 2010 年以后就呈现下降趋势。

表 3-4　全国农村公路、农田水利、农村水电当年建设投资额

单位：亿元

年份	农村公路投资	农田水利投资	农村水电投资
2006	1513	730	460
2007	1836	877	512
2008	2052	964	457
2009	2044	1157	456
2010	1924	1504	440
2011	1902	2163	424
2012	2145	1926	367

续表

年份	农村公路投资	农田水利投资	农村水电投资
2013	2495	2286	346
2014	3031	2576	317
2015	3227	2928	308
2016	3659	3047	249
2017	4731	3212	200

注：农村公路投资数据源于交通部《交通运输行业发展统计公报》，农田水利投资数据源于水利部全国农田水利基本建设进展情况，农村水电投资数据源于历年《中国统计年鉴》。

表3-5列示了各个五年计划时期水利基本建设投资规模及其占农业基本建设投资的比重情况。从中可以看出，除在经历国民经济调整的"三五"时期（1966~1970年）和改革开放初期的"六五"时期（1981~1985年）水利基本建设投资出现降低外，其余时期水利基本建设投资都呈现明显的增加趋势，说明随着国民经济的发展，全国水利基本建设投资的规模在不断扩大。特别是在"九五"时期（1996~2000年）水利基本建设投资达到1993.7亿元，是上一时期的4.52倍，从1995年开始国家对水利基本建设投资的力度明显增强。各个时期水利基本建设投资占农业基本建设投资比重的变化不大，在"一五"时期该比重较低为58.1%，"二五"时期调整到71.2%，以后的各个时期在60%~70%的比重波动，表明水利基本建设投资约占农业基本建设投资的2/3，是农业基本建设投资的重要组成部分。

根据水利部的统计，2011年全国农田水利基本建设从资金来源划分，中央资金占42.6%、省级政府资金占17.6%、市级财政资金占6.4%、县级财政资金占14.0%、乡级政府资金占3.3%、群众资金占11.0%、民营资金占1.6%、其他占3.5%。这说明我国农田水利建设的资金主要源于各级政府的财政资金，其中又以中央资金所占比重最大，群众出资也占一定比重，但吸纳的民营资金还非常有限。

我国农村地域宽广，农民居住分散，电力建设成本较高，很多农村地区在一段相当长的时间都面临"用电难"的困难，电力建设中的"乱摊派、乱收费、乱加价"增加了农民的用电成本。1990年农村水电建设完成投资额为34.9亿元，随后逐年增加，到 2007 年达到 511.7 亿元的规模，年均增速达到 17.1%。2008 年以后，由于统计口径的调整，农村水电完成建设投资统计规模略有下降，2008～2011 年农村水电投资规模分别为 456.9 亿元、456.3 亿元、439.8 亿元和424.4 亿元。

表 3-5　水利基本建设投资及其占农业基本建设投资比重情况

时期	"一五" 1953～1957 年	"二五" 1958～1962 年	"三五" 1966～1970 年	"四五" 1971～1975 年	"五五" 1976～1980 年
水利基本建设投资（亿元）	24.3	96.6	70.1	117.1	157.2
水利基本建设投资占农业基本建设投资比重（%）	58.1	71.2	67.3	67.7	63.9
时期	"六五" 1981～1985 年	"七五" 1986～1990 年	"八五" 1991～1995 年	"九五" 1996～2000 年	"十五" 2001～2003 年
水利基建投资（亿元）	93	143.7	440.7	1993.7	1943.5
水利基本建设投资占农业基本建设投资比重（%）	53.8	59.6	63.1	63.4	57.5

数据来源：《中国农村统计年鉴（2014）》。

注：因统计口径调整，自 2004 年开始不再统计"农业基本建设投资"，"十五"期间农业基本建设投资只包括了 2001～2003 年三年的数据。

图 3-2 描绘了农村公路、农田水利和农村水电当年完成建设额的环比增长，从中可以看出，农村公路投资在 2017 年环比增长率达到了 29.3%，表明国家加大了对农村公路的建设力度，农田水利建设在 2013～2015 年保持了较高的增长，环比增长率介于 13%～18%，2016 年和 2017 年环比增长率下降至 4%～5%。农村水电建设自 2008 年以后逐年下降，尤其是 2016 年和 2017 年，农村水电建设投资逐年下降约 20%。

2006～2009 年农村公路建设投资在三类投资中占 55%～60%，2010 年以后农村公路投资比重有所下降，直到 2017 年农村公路建设投资在三类投资中的比重才上升至58.1%。农田水利投资比重从2006年的27.0%提高到2011年的48.2%，自2012年起农村水利投资比重在三类投资中有所下降。农村水电投资从2006年的17%呈现下降趋势，到2017年在三类投资中的比重降至2.5%。这意味着国家对于农村公路的投资力度大，而对低功耗的农村水电投资在缩减。

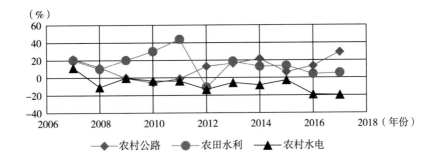

图3-2　农村公路、农田水利和农村水电当年建设投资额环比增长

表3-6　全国农村公路、水利、水电当年建设投资额比重　　　　　单位:%

年份	农村公路	农田水利	农村水电
2006	56.0	27.0	17.0
2007	56.9	27.2	15.9
2008	59.1	27.8	13.2
2009	55.9	31.6	12.5
2010	49.7	38.9	11.4
2011	42.4	48.2	9.4
2012	48.3	43.4	8.3
2013	48.7	44.6	6.7
2014	51.2	43.5	5.4
2015	49.9	45.3	4.8
2016	52.6	43.8	3.6
2017	58.1	39.4	2.5

注：根据表3-4计算而来。

（三）中国农村基础设施建设总体成效

1. 农村公路

农村公路是农业生产要素流动、农产品流通的重要载体，"要致富先修路"已经成为贫困落后地区改变现状的一致共识，农村公路是农民生产生活中重要的基础设施。根据《农村公路建设管理办法》第二条第二款规定，农村公路包括县道、乡道和村道，具体涵盖范畴如表3-7所示。

表3-7　县道、乡道和村道的范畴

分类	范畴	修建养护
县道	连接县城和县内主要乡（镇）、主要商品生产和集散地的公路，但不属于国道、省道的县际间公路	县（市）公路主管部门
乡道	为乡（镇）内部经济、文化、行政服务的公路以及不属于县道以上公路，不含乡与乡之间及乡与外部联络的公路	乡（镇）公路主管部门
村道	建制村和建制村之间以及建制村与乡镇联络的公路，但不属于乡道及以上级别的公路	乡（镇）公路主管部门

资料来源：根据《农村公路建设管理办法》（交通部令2006年第3号）编制。

根据农村公路投资的力度，我国农村公路的建设可以分为三个时期：第一个时期是改革开放之前，这一阶段由于财政资金紧张，农村公路建设缓慢，到1978年底，全国农村公路里程仅有58.6万千米，在全国范围内乡镇的公路通达率普遍较低。第二个时期是改革开放初期至2002年，这一时期随着国民经济的迅速发展，农村对交通基础设施需求越来越迫切，国家加大了对农村公路的投资力度。截至2002年末全国农村公路里程达到133.7万千米。第三个时期是2003年新农村建设全面展开的时期，国家对农村公路的投资显著增加，农村公路的通路里程增加迅速，公路等级质量明显改善。图3-3展示了全国农村公路里程。

从表3-8可以看出2013~2018年，农村公路中村道的比重为56%~58%，乡道比重为28%~29%，县道比重为13~14%。

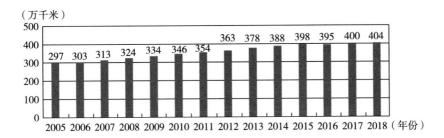

图3-3　2005～2018年全国农村公路里程

表3-8　农村公路中县道、乡道和村道比重　　　单位：%

年份	县道比重	乡道比重	村道比重
2013	14.4	28.8	56.7
2014	14.2	28.5	57.3
2015	13.9	28.0	58.1
2016	14.2	29.0	56.8
2017	13.7	28.9	57.4
2018	13.6	29.1	57.3

资料来源：历年《交通运输行业统计公报》。

　　根据全国三次农业普查的调查，全国通公路的村的比重在1996年是87.4%，2006年提高到95.5%，到2016年提高到99.3%。对比各省区市1996年和2006年自然村通公路情况可以发现，西部地区如重庆、贵州、内蒙古、云南和四川的自然村通公路情况得到显著提升，分别提高了27.4%、24.5%、18.9%、14.0%和12.0%，明显改善了该地区公路通达情况。2006年各省份通公路自然村比重达到95%以上的已达22个地区，只有西藏和青海自然村通公路比重还未达到85%。2016年，全国已有山东、吉林等10个省份自然村通公路的比重达到100%，只有新疆、西藏、内蒙古、青海和广西五个省区自然村通公路的比重低于99%。

　　表3-9反映了2016年第三次农业普查全国乡镇公路通达情况。我国各地区乡镇公路通达情况存在明显差距，总体来看是东部地区公路网最发达，其次是中部地区、东北地区，西部地区最落后。东部地区有高速公路出入口的乡镇所占的比重为28.9%，而西部地区只有17.0%。各个地区的路网系统的等级质量也存

在明显差异，东部地区通村道路沙石路面只有0.6%，而西部地区沙石路面的比重有5.3%。东部地区村委会到最远自然村的距离在5千米范围之内的达到97.1%，而西部地区这一比重只有80.7%。农村公路建设在我国东中西部地区还存在显著差异。

表3-9 三次农业普查31个省份通公路自然村比重分布

1996年通公路自然村比重（%）	地区
61~70	西藏 内蒙古 贵州
71~80	青海 浙江 重庆
81~90	湖南 新疆 江苏 安徽 河北 广西 云南 宁夏 甘肃 陕西 四川
91~100	吉林 上海 北京 天津 辽宁 山东 广东 海南 福建 江西 黑龙江 湖北 河南 山西
2006年通公路自然村比重（%）	**地区**
85以下	西藏 青海
85~95	宁夏 贵州 四川 陕西 新疆 甘肃 内蒙古 青海
95~99	江苏 福建 重庆 江西 浙江 广东 海南 河北 湖南 山西 湖北 安徽 广西 河南 黑龙江 云南
99以上	北京 山东 吉林 辽宁 上海 天津
2016年通公路自然村比重（%）	**地区**
90以下	新疆 西藏
96~98.9	青海 内蒙古 广西
99.0~99.5	四川 福建 安徽 山西 黑龙江
99.6~99.9	甘肃 陕西 河北 云南 贵州 广东 吉林 湖南 湖北 江苏 浙江
100	北京 山东 吉林 辽宁 上海 天津 重庆 宁夏 江西 河南

2. 灌溉设施

农业生产对自然气候条件生态环境依赖性强，要促进农业的稳产高产，农业生产走可持续发展道路，农田水利设施的建设至关重要。农田水利建设的目的一是在充分利用水资源和土壤环境资源的前提下依靠蓄水、引水或调水等系统调节水资源的时间空间分布;二是通过灌溉和排水系统调节土壤水分状况,提高土地资源利用率。

表 3 - 10 2016 年高速公路和公路通达情况   单位:%

指标		全国	东部	中部	西部	东北部
有高速公路出入口的乡镇		21.5	28.9	22.6	17.0	19.9
通公路的村		99.3	99.9	99.5	98.3	99.7
按通村主要道路路面类型分的村	水泥路面	76.4	76.4	86.1	70.2	59.3
	柏油路面	20.2	22.2	12.3	22.5	35.1
	沙石路面	2.3	0.6	1.0	5.3	3.5
按村内主要道路路面类型分的村	水泥路面	80.9	84.0	89.7	72.7	60.0
	柏油路面	8.6	11.1	3.4	9.0	15.9
	沙石路面	6.7	2.4	4.7	11.7	18.9
村内主要道路有路灯的村		61.9	85.9	59.8	35.5	54.1
村委会到最远自然村或居民定居点距离	5 公里以内	90.9	97.1	93.0	80.7	90.9
	6～10 公里	6.6	2.3	5.5	13.0	7.1
	11～20 公里	2.0	0.5	1.3	4.6	1.6
	20 公里以上	0.6	0.1	0.2	1.7	0.4

注:根据《第三次全国农业普查主要数据公报》(2017 年 12 月 15 日),东部地区包括北京、天津、河北、上海、江苏、浙江、福建、山东、广东、海南;中部地区包括山西、安徽、江西、河南、湖北、湖南;西部地区包括内蒙古、广西、重庆、四川、贵州、云南、西藏、陕西、甘肃、青海、宁夏、新疆;东北地区包括辽宁、吉林、黑龙江。

1978 年全国有效灌溉面积为 44965 千公顷,1979～1989 年全国有效灌溉面积为 4400 万～4500 万公顷,变化并不明显。从 1990 年开始,全国有效灌溉面积呈现明显的增长趋势,从 1990 年的 47403 千公顷增加到 2011 年的 61681 千公顷,1990～2011 年全国有效灌溉面积年均增速为 1.33%,1990～2011 年全国旱涝保收面积年均增加 1.28%、机电排灌面积年均增加 1.41%。全国有效灌溉面积的变化趋势表明,在 20 世纪 90 年代以前,农田灌溉投资增加并不明显,全国农田的有效灌溉系统改善并不显著,1990 年以后农田灌溉投资稳步增加,全国农田有效灌溉面积增势显著,2018 年全国农田有效灌溉面积达到 68271 千公顷。图 3 - 4 列示了 1978～2018 年全国有效灌溉面积。

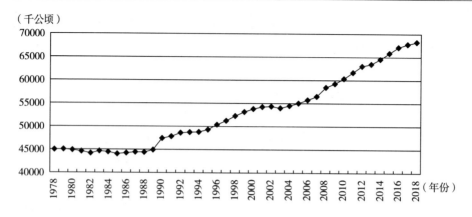

图 3 - 4 1978 ~ 2018 年全国有效灌溉面积

从表 3 - 11 可以看出，耕地灌溉面积占耕地面积的比重超过了 50%，但还有很大的提升空间。2018 年，30 万亩以上的大型灌区在所有灌区中的比重还较低，只有 5.8%。

表 3 - 11 2011 ~ 2017 年全国灌溉面积

指标	2011 年	2012 年	2013 年	2014 年	2015 年	2016 年	2017 年
灌溉面积（千公顷）	67743	67783	69481	70652	72061	73177	73946
耕地灌溉面积（千公顷）	61682	62491	63473	64540	65873	67141	67816
占耕地面积（%）	50.82	51.3	52.9	53.8	48.8	49.8	50.3
林地灌溉面积（千公顷）	1899	1767	2111	2229	2211	2388	2403
牧草灌溉面积（千公顷）	1265	819	1059	1092	1079	1076	1104
节水灌溉面积（千公顷）	29179	31217	27109	29019	31060	32847	34319
万亩以上灌区数量（处）	5824	7756	7709	7709	7773	7806	7839
其中 30 万亩以上（处）	348	456	456	456	456	458	458

2016 年末，全国调查村中能够正常使用的机电井数量 659 万眼，排灌站数量 42 万个，能够使用的灌溉用水塘和水库数量 349 万个。全国灌溉耕地面积 61890 千公顷，其中有喷灌、滴灌、渗灌设施的耕地面积 10018 千公顷；在灌溉用水主

要水源中，使用地下水的农户和农业生产单位占30.5%，使用地表水的农户和农业生产单位占69.5%[1]。

3. 农村电力建设

在我国农村水电建设以乡村办水电站为主，1978年全国有乡村办水电站82387个，随着国家逐步关停乡村办小水电站，乡村办水电站数量逐年递减，到1990年降至52387个，到2000年降至29962个，到2007年全国乡村办水电站27664个。2008年由于统计口径的变化，将乡村办水电站变更为农村水电，主要指装机容量5万千瓦以下的水电站和配套电网，因此2008年以后的数据与2008年之前的数据不具有可比性[2]。在新的统计口径下，2008~2010年乡村办水电站数量比较稳定在4.4万~4.5万个。图3-5列示了1978~2018年全国乡村办水电站数量。

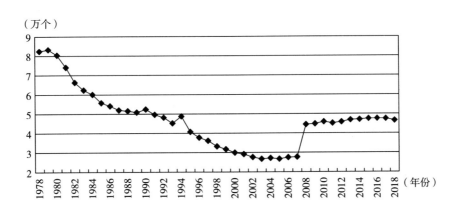

图3-5　1978~2018年全国乡村办水电站数量

虽然，1978~2007年乡村办水电站数量在逐年减少，但乡村办水电站装机容量从1978年的228.4万千瓦增加到2007年的1366.6万千瓦，年均增加6.36%，说明关停了效率低的小水电站，并没有降低乡村办水电站的发电容量。在新的统计口径下，2008年农村水电装机容量为5127.4万千瓦，到2011年农村水电装机容量增加到6212.3万千瓦，表明乡村办水电站建设在这一时期增速较

---

① 《第三次农业普查主要数据公报》（第二号）。

② 《中国农村统计年鉴（2012）》。

快。图3-6列示了1978~2017年全国乡村办水电站装机容量。

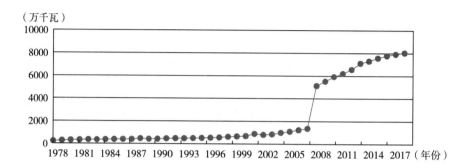

（万千瓦）

图3-6 1978~2018年全国乡村办水电站装机容量

乡村办水电站发电量从1990年的481.11亿千瓦时增加到2010年的峰值 2044.4亿千瓦时，随后的2011年回落到1756.7亿千瓦时。1990~2010年，乡 村办水电站的发电量增加了3.89倍。图3-7列示了1993~2019年全国乡村办 水电站发电量。

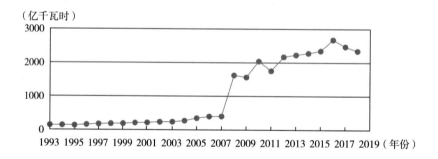

（亿千瓦时）

图3-7 1993~2019年乡村办水电站发电量

图3-8展示了1993~2018年农村用电量的变化趋势，从1993年的1244.9 亿千瓦时增加到2018年的9358.5亿千瓦时，年均增长率为14.4%。乡村办水电 站发电能力与农村用电量之间存巨大缺口。1993年乡村办水电站发电量与农村 用电量的比值为11.1%，2018年该比值为25.1%，这表明农业发展和农村居民 生活水平得到了提高，但乡村办水电站仍然不能满足农村地区的用电需求，农村

地区的用电需求还需要国家配套电网的支持。

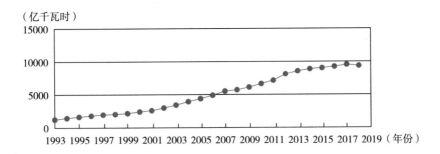

（亿千瓦时）

图3－8　1993～2018年农村用电量

1996年我国农村通电村的比重为96%，2006年增加到98%。但我国农村电力建设在地区间存在一定程度的差异。1996年全国农村电力最不发达的三个地区西藏、青海和贵州的通电村比例分别为15.9%、77.5%和78.5%，2006年西藏、青海和贵州通电村的比重提升到40.0%、84.7%和99.3%。2006年的第二次农业普查显示在东部地区已经完成农村电网改造的乡镇达96.8%，而在中部、西部和东北部地区完成农村电网改造的乡镇分别是87.7%、67.2%和97.7%（见表3－12）。根据第三次农业普查调查结果，2016年末，99.7%的村通电、11.9%的村通天然气、99.5%的村通电话、82.8%的村安装了有线电视、89.9%的村通宽带互联网、25.1%的村有电子商务配送站点。

表3－12　2006年第二次农业普查全国有电力设施的乡镇及村比重　单位:%

地　区	已经完成农村电网改造的乡镇占比	通电的村占比
全国总计	82.3	98.7
东部地区	96.8	99.8
中部地区	87.7	99.8
西部地区	67.2	96.0
东北地区	97.7	99.9

二、中国农业全要素生产率的趋势分析

（一）农业全要素生产率的估计方法

自从 Färe 等（1994）将数据包络分析（Data Envelopment Analysis，DEA）引入到 Malmquist 全要素生产率指数理论框架中，DEA - Malmquist 指数模型可以测度决策单元在不同时期效率的动态变化，得到了广泛的应用。因为在非参数框架下，Malmquist 全要素生产率指数的计算只需要生产过程中的投入和产出的数量信息，而不需要投入和产出的价格信息，此外在非参数框架下不需要对生产者的行为进行任何假定。基于产出的 Malmquist TFP 指数是通过对比在一定的技术参考下，两个不同时点决策单元的距离函数的比值来衡量 TFP 大小的。

在 t 期技术下，从时期 s（基期）到时期 t 的 Malmquist 生产率指数为：

$$m_o^t(q_s,\ x_s,\ q_t,\ x_t) = \frac{d_o^t(q_t,\ x_t)}{d_o^t(q_s,\ x_s)} \tag{3-1}$$

如果以 s 期的技术为参考，从 s 期（基期）到 t 期的 Malmquist 生产率指数则定义为：

$$m_o^s(q_s,\ x_s,\ q_t,\ x_t) = \frac{d_o^s(q_t,\ x_t)}{d_o^s(q_s,\ x_s)} \tag{3-2}$$

用（q_t，x_t）和（q_s，x_s）分别表示时期 t 和时期 s 下的投入产出向量，$d_o^t(q_t,\ x_t)$ 表示以时期 t 技术为参照投入产出向量的产出距离函数；$d_o^t(q_s,\ x_s)$ 表示以 t 时期技术为参照的时期 s 的投入产出向量的产出距离函数。$d_o^s(q_t,\ x_t)$ 表示以 s 时期技术为参照的时期 t 的投入产出向量的产出距离函数，$d_o^s(q_s,\ x_s)$ 表示以 s 时期技术为参照的时期 t 的投入产出向量的产出距离函数。m_o 的数值大于 1 意味着从时期 s 到时期 t，TFP 发生了增长，如果 m_o 的数值小于 1 则意味着从时期 s 到时期 t，TFP 下滑。

根据 Färe 等（1998），只有当技术是希克斯产出中性时，也就是当产出距离函数满足 $d_o^t(q_t,\ x_t) = A(t)\ d_o(q_t,\ x_t)$ 时，在上述两个不同时期的技术参考下 TFP 指数才是一致的。为了避免技术参考时期选择的主观性不同对 TFP 指数的计算结果造成差异，根据 Fisher 理想指数的构造方法，Caves 等（1982）把上述两式的几何平均值定义为 Malmquist TFP 指数，作为度量从时期 s 到时期 t 的 TFP 的变化。

$$m_o(q_s, x_s, q_t, x_t) = \left[\frac{d_o^s(q_t, x_t)}{d_o^s(q_s, x_s)} \times \frac{d_o^t(q_t, x_t)}{d_o^t(q_s, x_s)} \right]^{\frac{1}{2}}$$

$$= \frac{d_o^t(q_t, x_t)}{d_o^s(q_s, x_s)} \times \left[\frac{d_o^s(q_t, x_t)}{d_o^t(q_s, x_s)} \times \frac{d_o^s(q_t, x_t)}{d_o^t(q_s, x_s)} \right]^{\frac{1}{2}} \quad (3-3)$$

Malmquist 生产率指数可以被分解为技术效率变化（Efficiency Change）和技术进步（Technical Change），公式如下

$$\text{Efficiency change} = \frac{d_o^t(q_t, x_t)}{d_o^s(q_s, x_s)} \quad (3-4)$$

$$\text{Technical change} = \left[\frac{d_o^s(q_t, x_t)}{d_o^t(q_s, x_s)} \times \frac{d_o^s(q_t, x_t)}{d_o^t(q_s, x_s)} \right]^{\frac{1}{2}} \quad (3-5)$$

技术效率变化衡量的是不变规模报酬下每个决策单元从时期 s 到时期 t 从实际生产点到生产前沿面［"最佳实践者"（Best Practice）的追赶（Catching – UP）速度］。技术效率用来衡量在没有技术创新的前提下也就是说在技术稳定使用的情况下，决策单元的生产活动与前沿面的靠近程度。决策单元越靠近前沿面表明技术效率越高，对现有技术利用越好，效率损失小；反之技术效率越低，对现有技术利用不够有效，效率损失大。当出现技术创新也就是技术进步发生时，前沿生产函数的移动使那些技术效率原本很高的生产单元又面临这样一个问题：如何在新的技术条件下提高技术效率。技术进步衡量的是生产前沿面从时期 s 到时期 t 的移动。技术进步主要体现着一种增长效应，反映了最佳实践者的最佳实践情况，代表了生产前沿面的扩张。

Färe 等（1994）的不变规模报酬（Constant Returns to Scale, CRS）时期 t 的技术为参考下，给定投入实际产出与最大可能产出比值的线性规划解为：

$$[d_o^t(q_t, x_t)]^{-1} = \max_{\phi, \lambda} \phi,$$
$$\text{s. t. } -\phi q_{it} + Q_t \lambda \geq 0,$$
$$x_{it} - X_t \lambda \geq 0, \quad (3-6)$$
$$\lambda \geq 0,$$

$$[d_o^s(q_s, x_s)]^{-1} = \max_{\phi,\lambda}\phi,$$

$$\text{s. t. } -\phi q_{is} + Q_s\lambda \geq 0,$$

$$x_{is} - X_s\lambda \geq 0, \tag{3-7}$$

$$\lambda \geq 0,$$

$$[d_o^t(q_s, x_s)]^{-1} = \max_{\phi,\lambda}\phi,$$

$$\text{s. t. } -\phi q_{is} + Q_t\lambda \geq 0,$$

$$x_{is} - X_t\lambda \geq 0, \tag{3-8}$$

$$\lambda \geq 0,$$

$$[d_o^s(q_t, x_t)]^{-1} = \max_{\phi,\lambda}\phi,$$

$$\text{s. t. } -\phi q_{it} + Q_s\lambda \geq 0,$$

$$X_{it} - X_s\lambda \geq 0, \tag{3-9}$$

$$\lambda \geq 0,$$

根据 Färe 等（1994），如果放松不变规模报酬的假定，而构造可变规模报酬（Variable Returns to Scale，VRS）参考技术下的生产前沿面，可以将效率变化 Efficiency Change 进一步分解成规模效率（Scale Efficiency）和纯技术效率 Pure Efficiency Change 的变化，公式如下：

$$\text{Efficiency change} = \frac{d_{ov}^t(q_t, x_t)}{d_{ov}^s(q_s, x_s)} \tag{3-10}$$

$$\text{scale efficiency change} = \left[\frac{d_{ov}^t(q_t, x_t)/d_{oc}^t(q_t, x_t)}{d_{ov}^t(q_s, x_s)/d_{oc}^t(q_s, x_s)} \times \frac{d_{ov}^s(q_t, x_t)/d_{oc}^s(q_t, x_t)}{d_{ov}^s(q_s, x_s)/d_{oc}^s(q_s, x_s)}\right]^{\frac{1}{2}} \tag{3-11}$$

规模效率是以时期 t 和时期 s 分别为技术参考下的规模效率测度指数的几何平均数。在距离函数中的下标 v 代表可变规模报酬技术参考，下标 c 代表是不变规模报酬技术参考。Malmquist 生产率指数的求解需要借助线性规划方法计算有关投入和产出的各种距离函数。如果要将效率变化进一步分解为纯效率变化和规模效率，则还需要求解在可变规模报酬（VRS）下的线性规划如下：

$$[d_{ov}^t(q_t, x_t)]^{-1} = \max_{\phi,\lambda}\phi,$$

$$\text{s. t. } -\phi q_{it} + Q_t\lambda \geq 0,$$

$$x_{it} - X_t\lambda \geq 0,$$

$$\lambda \geqslant 0,\tag{3-12}$$

$$I1'\lambda = 0,$$

$$\left[d_o^s(q_s, x_s) \right]^{-1} = \max_{\phi, \lambda} \phi,$$

$$\text{s. t.} \; -\phi q_{is} + Q_s \lambda \geqslant 0,\tag{3-13}$$

$$x_{is} - X_s \lambda \geqslant 0,$$

$$\lambda \geqslant 0,$$

$$I1'\lambda = 0$$

Coelli 和 Rao（2005）指出，选择 CRS 还是 VRS 对于 TFP 的测量非常关键，建议如果样本数据是宏观层面的加总数据（Aggregate Data），应采用 CRS，因为对于一个国家或地区的生产决策单元不存在规模报酬递增或递减的问题。此外，一般认为农业规模报酬是不变的（速水佑次郎和拉坦，2000）。林毅夫（2005）对中国农业的实证研究表明，中国农业的规模经济性质并不明显，因此本书运用 CRS 模型是合理的。采用省级层面的宏观数据来测算各省区市的农业全要素生产率，基于产出的 CRS 模型测算 TFP 及其分解项技术效率和技术进步，而不再将技术效率进一步分解到技术处效率和规模效率。

（二）样本数据说明

本章研究的时间跨度为 1985～2015 年，选取这个研究期间，一方面是因为 1978～1984 年我国农业全要素生产率的提升主要是由计划经济到市场经济的体制变革引起的（Lin，1997），对 1985 年以后的农业全要素生产率进行研究可以更准确地考察除体制外其他潜在的影响因素；另一方面是因为 1985 年以后我国统计制度趋于完善，统计指标全面，研究期间统计指标的连贯性和可比性较强。在本书研究中决策单元是我国除港澳台地区外的 31 个省份，包括 4 个直辖市、5 个自治区、22 个省在 31 年间所形成的平行面板数据。

1988 年 4 月撤销广东省海南行政区成立了海南省，1997 年 7 月设立了重庆直辖市。为了保证行政区域数据的连贯性，对 1985～1988 年广东的数据利用插值法分割成了广东和海南，对 1985～1996 年四川的数据利用插值法分割成了重庆和四川。数据主要源于历年《中国农村统计年鉴》、《改革开放三十年统计资料汇编》、历年《中国农业年鉴》和历年《中国农村住户统计年鉴》。

结合我国公开发布的农业生产统计资料，选用的农业生产的投入和产出指标

解释如下:

1. 农业产出变量

农林牧渔业总产值（亿元，1998 年不变价）是以货币表现的农、林、牧、渔业全部产品和对农林牧渔业生产活动进行的各种支持性服务活动的价值总量，它反映一定时期内农林牧渔业生产总规模和总成果。在估计农业全要素生产率时，产出指标的选取通常有两种方式：一是用价值指标反映农业产出规模，如宏观研究层面的农业总产值等。Fried 等（2008）指出如果在投入指标中选择了反映中间投入的指标，在产出指标中应选择总产值（Gross - output），如果在投入指标中没有包含中间投入，则产出指标选用增加值（Value - added）。二是用实物指标，如粮食作物产量、水产品产量、畜产品产量等。采用实物指标能避免价值指标需要进行价格缩减的问题，但可能面临指标数据不够全面的问题，因此一般多用在对农业内部各行业问题研究上。

本书是对农业宏观层面进行的整体研究，农林牧渔业总产值是公认的能够较好反映宏观农业产出水平的指标，因此采用农林牧渔总产值作为各个省区市的农业产出指标。因为研究期间较长，需要将不同年份以当年价格表示的农林牧渔总产值换算成不变价格。根据 Coelli 和 Rao（2005）的建议对跨越年份较长的序列进行研究时，最好采用跨越时期的中间时点的不变价格对以价值单位计量的序列进行缩减。本章研究的时间跨度为 1985 ~ 2015 年，采用 2000 年的不变价格来缩减农业总产值序列，比用 1985 年或者 2015 年的不变价格来缩减农业总产值序列对农业全要素生产率的估计结果要稳健。

2. 农业投入变量

本书选取了六个指标从劳动力投入、土地投入、农业机械投入、灌溉投入、化肥投入和役畜投入反映农业生产的投入。

（1）劳动力投入：农林牧渔业就业人员（单位：万人）。农林牧渔业就业人员不包括在农村从事工业、建筑业、交通仓储和邮电业、批林贸易餐饮业等非农行业的就业人员。

（2）土地投入：农作物播种面积（单位：千公顷）。农作物播种面积是反映农业生产土地投入情况的重要指标，指实际播种或移植有农作物的面积。凡是实际种植有农作物的面积，无论种植在耕地上还是种植在非耕地上，均包括在农作物播种面积中。在播种季节结束后因遭灾而重新改种和补种的农作物面积也包括在内。播种面积比耕地面积更恰当。

（3）农业机械投入：农业机械总动力（单位：万千瓦）。农业机械总动力包括用于农、林、牧、渔业的各种动力机械的动力总和。包括耕作机械、排灌机械、收获机械、农用运输机械、植物保护机械、牧业机械、林业机械、渔业机械和其他农业机械（内燃机按引擎马力折成瓦（特）计算、电动机按功率折成瓦（特）计算①）。沿用 Coelli 和 Rao（2005）采用的方法。

（4）灌溉投入：有效灌溉面积（单位：千公顷）。根据《中国农村统计年鉴》中的解释，有效灌溉面积指"具有一定的水源，地块比较平整，灌溉工程或设备已经配套，在一般年景下，当年能够进行正常灌溉的耕地面积"②。它是反映我国农业生产中灌溉投入的重要指标。

（5）化肥投入：农用化肥施用量（单位：万吨）。指本年内实际用于农业生产的化肥数量，包括氮肥、磷肥、钾肥和复合肥。由于不同类型的化肥所含的有效成分如氮磷钾等的含量不同，根据 Hayami 和 Ruttan（1970）、Fulginiti 和 Perrin（1997）的建议，在计量化肥施用量时可以通过计算不同类型的化肥中所含有效成分氮、磷、钾的折纯量来衡量。在我国统计年鉴中统计的化肥施用量正好是折纯量③，因此可以直接利用年鉴中公布的化肥施用量资料。

（6）役畜：役畜在农村主要用于农业耕作及运输，是农业生产不可忽视的投入。采用各省区市拥有的实际用于农林牧渔生产的大牲畜反映，包括牛、马、驴、骡和骆驼，单位是万头。

（三）测算结果及分析

1. 中国农业全要素生产率环比指数

利用 Stata 软件中 Malmq 软件包，计算出各个省份农业全要素生产率指数、技术进步指数和技术效率指数，如表 3－13 所示。在 DEA 方法中估计的各个生产单元的全要素生产率、技术进步和技术效率是根据相邻两期的数据计算而得的

---

① 《中国统计年鉴》不包括专门用于乡、镇、村、组办工业、基本建设、非农业运输、科学试验和教学等非农业生产方面用的动力机械与作业机械。

② "在一般情况下，有效灌溉面积应等于灌溉工程或设备已经配备、能够进行正常灌溉的水田和水浇地面积之和。"引自《中国农村统计年鉴（2010）》。

③ "施用量要求按折纯计算数量，即各类化学肥料的实际施用数量按其含氮、含五氧化二磷、含氧化钾的比例折成百分之百计算。"引自《中国农村统计年鉴（2010）》。

环比指数，反映的是本期相对于上一期的倍数。

表 3 - 13 1985 ~ 2015 年中国农业全要素生产率、技术进步和技术效率环比指数

年份	全要素生产率	技术进步	技术效率
1985	1.000	1.000	1.000
1986	0.986	1.017	0.970
1987	1.009	1.007	1.002
1988	0.975	0.987	0.988
1989	0.953	0.962	0.991
1990	1.016	1.023	0.993
1991	0.986	1.044	0.944
1992	1.034	1.086	0.952
1993	1.026	1.030	0.996
1994	1.043	1.079	0.967
1995	1.015	1.052	0.965
1996	1.019	1.033	0.986
1997	1.012	1.137	0.890
1998	1.045	1.043	1.002
1999	1.009	1.008	1.001
2000	1.043	1.026	1.017
2001	1.047	1.101	0.951
2002	1.048	1.086	0.965
2003	1.046	1.138	0.919
2004	1.025	0.987	1.039
2005	1.019	0.990	1.029
2006	1.028	1.040	0.988
2007	1.051	1.061	0.991
2008	1.047	0.970	1.079
2009	1.034	1.077	0.960
2010	1.040	1.049	0.991

续表

年份	全要素生产率	技术进步	技术效率
2011	1.021	1.015	1.006
2012	0.996	1.024	0.973
2013	1.015	1.035	0.981
2014	1.007	1.029	0.979
2015	1.011	1.024	0.987
1985～2015 年度平均	1.020	1.038	0.983

图 3-9 考察 1985～2015 年中国农业全要素生产率环比指数的变化，绝大多数年份农业全要素生产率的环比指数都大于 1，意味着在考察期间绝大多数年份农业全要素生产率是增长的。但是 1986 年、1988 年、1989 年和 1991 年的全要素生产率环比指数分别为 0.982、0.979、0.961 和 0.992，表明在这几个年份全要素生产率比上一年有不同程度的下降，这个估算结果同 Hsu 等（2003）和 Lin（1992）的研究相似，其原因在于改革开放初期，农业全要素生产率经历了一个由家庭联产承包制诱导的高增长时期（1979～1984 年）后，制度变革带来的全要素生产率增长效应已充分释放，随之而来的是全要素生产率的停滞甚至下降。

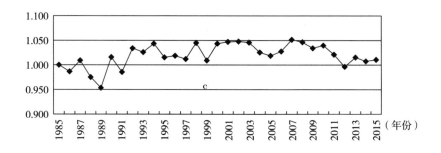

图 3-9　1985～2015 年中国农业全要素生产率环比指数

图 3-10 展示了中国农业技术进步环比指数在 1985～2015 年的变化趋势，从中可以发现，除 1989 年、2004 年、2005 年和 2008 年四个年份外，其余年份技术进步环比指数都大于 1，意味着在这些年份的生产前沿面向外扩张，在相同的投入情形下当年的最佳产出比上一年的最佳产出要高。农业技术进步增长最快

的两个年份是 1997 年和 2003 年，农业技术进步指数在 1997 年达到 1.137，在 2003 年达到 1.138，其余呈现增长的年份技术进步环比指数都介于 1.0 至 1.1 之间。研究表明，农业技术进步是农业全要素生产率的重要驱动因素。

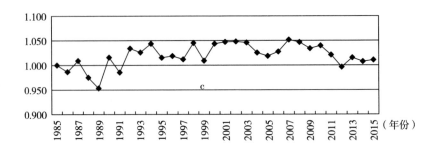

图 3 - 10　1985 ～ 2015 年中国农业技术进步环比指数

农业技术效率在 1985 ～ 2015 年的变化趋势（见图 3 - 11）与农业全要素生产率及农业技术进步呈现不一样的模式。在考察期间的大多数年份，农业技术效率环比指数都小于 1，表明在生产技术保持不变的情况下，当期生产单元的实际产出与前沿面产出的逼近程度相比上一时期更加远离了，也就是生产单元越来越远离前沿面，技术效率呈现下降趋势。在考察的 30 个年份中，技术效率环比指数大于 1 的有 8 个年份，分别是 1987 年，1998 年，1999 年，2000 年，2004 年，2005 年，2008 年和 2011 年，22 个年份的技术效率环比指数小于 1，表明在研究期间，大多数年份我国农业技术效率都处于退化状态。

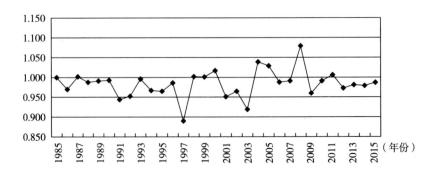

图 3 - 11　1985 ～ 2015 年中国农业技术效率环比指数

2. 中国农业全要素生产率累积指数

环比指数反映的是研究对象在当期和上一期指标之间的对比，侧重反映短期的变动效果，而累积指数则是选择研究期间的初始时期为基期，刻画各个时期相对于基期的变动程度。前文所分析的中国农业全要素生产率环比指数、技术进步环比指数和技术效率环比指数刻画了中国农业全要素生产率、技术进步和技术效率在短期的波动情况，但不能很好地反映各年相对于研究初始年份的变化。因此为了更好地刻画中国农业全要素生产率及其分解项技术进步和技术效率在1985～2015 年 26 个年份的累积变化效应，描述 1986～2015 年各个年份全国农业全要素生产率、农业技术进步和技术效率相对于 1985 年的相对水平，还要计算以 1985年为基期的各年农业全要素生产率累积指数、技术进步累积指数和技术效率累积指数。计算的方法就是将各年的环比指数连环相乘得到对应的累积指数，计算结果列示在表 3 – 14 中。

表 3 – 14　1985～2015 年中国农业全要素生产率、技术进步和技术效率累积指数

年份	全要素生产率	技术进步	技术效率
1985	1.000	1.000	1.000
1986	0.986	1.017	0.970
1987	0.995	1.024	0.972
1988	0.971	1.011	0.960
1989	0.925	0.972	0.952
1990	0.940	0.995	0.945
1991	0.926	1.039	0.892
1992	0.958	1.128	0.849
1993	0.983	1.162	0.846
1994	1.025	1.253	0.818
1995	1.041	1.319	0.789
1996	1.060	1.362	0.778
1997	1.073	1.549	0.693
1998	1.121	1.615	0.694
1999	1.131	1.628	0.695
2000	1.180	1.671	0.707
2001	1.236	1.839	0.672

年份	全要素生产率	技术进步	技术效率
2002	1.295	1.998	0.648
2003	1.355	2.273	0.596
2004	1.389	2.244	0.619
2005	1.415	2.221	0.637
2006	1.454	2.310	0.629
2007	1.529	2.451	0.624
2008	1.600	2.377	0.673
2009	1.654	2.560	0.646
2010	1.720	2.686	0.640
2011	1.756	2.726	0.644
2012	1.750	2.792	0.627
2013	1.777	2.889	0.615
2014	1.790	2.973	0.602
2015	1.809	3.045	0.594
1985~2015年平均	1.020	1.038	0.983

1985~2015年，中国农业全要素生产率年平均增长率为2.0%，农业技术进步指数年均增长3.8%，农业技术效率指数年均反而下降了1.7%，说明我国农业全要素生产率的增长主要是由技术进步导致的，而非来自技术效率的改善，这意味着我国农业全要素生产率的增长主要来自生产前沿面的向外扩张，而非生产单元向生产前沿面的逐步逼近。我国农业生产技术进步和技术效率损失并存的现象表明，农业科研与技术创新对农业增长的推动效应是显著的，而在对现有资源的优化配置、农业生产经营管理的改进方面并不成功。

图3-13展示了中国农业全要素生产率、技术进步和技术效率累积指数在1985~2015年的变化趋势。中国农业全要素生产率在1985~1990年阶段增长缓慢，1990年以后逐年增加的趋势渐趋明显。农业技术进步在1988年前同基期变化不明显，1989年和1990年的农业技术水平相对于1985年反而略微下降，1990年以后，技术进步增势明显，到2000年农业技术进步累积指数为1.671，到2015年该指数达到3.045。农业技术效率累积指数在整个研究期间都呈现低于1985年水平的状况，虽然在1987年、1999年、2000年、2004年、2005年、

2008 年和 2011 年农业技术效率相对于上一年有改进（环比数值），但由于大多数年份的农业技术效率都处于恶化的状况，因此各年的农业技术效率水平都低于 1985 年基年的水平。这说明由于市场壁垒、要素流动限制、交易成本等因素，农业生产技术效率没有得到改善，反而有相当程度的恶化。

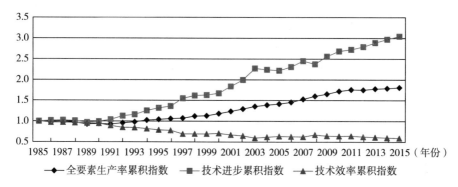

图 3 - 12　1985 ~ 2015 年中国农业全要素生产率、技术进步和技术效率累积指数

3. 区域农业全要素生产率差异分析

从表 3 - 15 的各省份 1985 ~ 2015 年农业全要素生产率的变化来看，居于前 5 位的是上海、海南、福建、广东和江苏，居于后五位的是青海、云南、内蒙古、贵州和西藏。从农业全要素生产率及其分解项的空间分布来看，东部地区农业全要素生产率年均增速最快达 4.4%，中部地区年均增长 1.1%，西部地区农业全要素生产率年均增长最缓慢，仅为 0.1%，三大经济区域农业全要素生产率的增长都呈现依靠技术进步推动的趋势。

表 3 - 15　1985 ~ 2015 年全国各省区市年均全要素生产率指数、

技术进步指数、技术效率指数

排位	地区	全要素生产率	技术进步	技术效率
1	上海	1.080	1.080	1.000
2	海南	1.054	1.054	1.000
3	福建	1.049	1.055	0.994
4	广东	1.051	1.062	0.990
5	江苏	1.049	1.054	0.995
6	北京	1.046	1.046	1.000

续表

排位	地区	全要素生产率	技术进步	技术效率
7	辽宁	1.049	1.057	0.992
8	湖北	1.037	1.046	0.991
9	吉林	1.037	1.051	0.987
10	山东	1.037	1.047	0.990
11	浙江	1.033	1.041	0.992
12	广西	1.028	1.036	0.992
13	河北	1.019	1.032	0.987
14	天津	1.016	1.029	0.987
15	河南	1.018	1.042	0.977
16	陕西	1.016	1.042	0.975
17	安徽	1.017	1.047	0.971
18	新疆	1.015	1.039	0.977
19	江西	1.013	1.034	0.980
20	湖南	1.012	1.035	0.978
21	重庆	1.009	1.028	0.982
22	黑龙江	1.007	1.040	0.968
23	宁夏	1.008	1.039	0.970
24	山西	1.007	1.030	0.978
25	四川	1.003	1.029	0.975
26	甘肃	1.005	1.027	0.979
27	青海	0.999	1.024	0.976
28	云南	0.989	1.018	0.972
29	内蒙古	0.986	1.026	0.961
30	贵州	0.981	1.017	0.965
31	西藏	0.977	0.990	0.987
	东部	1.044	1.052	0.992
	中部	1.021	1.042	0.980
	西部	1.004	1.027	0.978
	全国	1.020	1.038	0.983

注：东部地区包括北京、天津、河北、辽宁、上海、江苏、浙江、福建、山东、广东和海南11地；中部地区包括山西、吉林、黑龙江、安徽、江西、河南、湖北、湖南8地；西部地区包括重庆、四川、贵州、云南、西藏、陕西、甘肃、青海、宁夏、新疆、广西、内蒙古12地。

三、本章小结

本章对我国农村基础设施建设规模和农业全要素生产率的变化趋势进行了分析。我国农村基础设施投资总量呈现逐年增加的趋势，特别是在 2009 年以后，农村基础设施投资力度明显加强，农村公路和农村水利建设的投资强度相对于农村水电建设大，农村基础设施投资更多地集中在改善农村地区交通运输条件和灌溉生产条件方面，而农村水电由于发电效率低对自然环境生态平衡破坏较大在近年的投资强度逐年缩减。农村基础设施投资已取得初步成效，明显改善了农村地区的生产生活条件，但在不同地区农村基础设施状况还存在较大差异。

本章利用 DEA – Malmquist 指数方法对我国 1985～2015 年的农业全要素生产率进行了估算，将其分解为技术进步和技术效率变动两部分来寻找全要素生产率变化的根源。测算结果表明，我国农业全要素生产率的增长比较明显，1985～2015 年，中国农业全要素生产率年均增长率为 2.0%，农业技术进步指数年均增长 3.8%，农业技术效率指数年均下降 1.7%。我国农业全要素生产率的增加以技术进步为主导的，而非来自技术效率的改善。我国农业生产整体上呈现技术进步与效率损失并存的现象。以现代化农业生产要素如新品种、农业机械、化肥等为代表的农业技术革新是这一时期我国农业全要素生产率增加的主要动力，而中国农业在对现有资源的合理配置方面并不成功。如果长期只依靠技术进步，而忽视对技术效率的提高，势必造成农业生产上的低绩效和资源浪费。

从本章对我国农村基础设施规模和农业全要素生产率的初步考察可以发现，在农村基础设施投资力度逐年加强的公共政策背景下，我国农业全要素生产率呈现逐年改进的趋势，但是技术效率却在恶化，这表明尽管我国农村基础设施建设力度不断加强，但是并没有扭转农业技术效率恶化的状况，这个现象背后的原因值得深思。接下来，本书将通过经济计量模型对农村基础设施对农业全要素生产率的影响效应进行考察，深化对农村基础设施对农业增长影响效应的理解。

第四章　农村基础设施可获得性与
农业技术效率

一、引言

　　农业是国民经济社会健康和谐发展的重要保障。农业的可持续增长一方面源于要素投入的增加，另一方面源于农业生产效率的改进。工业城镇化带来的农业用地流失、生态环境恶化、农业生产资料成本上升等问题，让农业发展面临非常严峻的资源稀缺和约束压力。我国农业的持续增长无法再依赖要素投入的无限扩张，粗放式的农业增长方式难以维系，农业增长必须根植于农业生产效率的提升，即全要素生产率的改进。根据 Fare 等（1998）的理论，全要素生产率可以分解成技术进步和技术效率，全要素生产率的改进受技术进步和技术效率的共同驱动。近年来，有关农业生产效率问题得到了学术界的广泛关注，已经形成了一些具有共识性的结论，如 Jin 等（2002）、Chen 等（2008）、李谷成等（2007）、全炯振（2009）等的研究发现，我国农业全要素生产率的改进主要依靠技术进步推动，农业技术效率的改善并不明显。技术进步表现为新的生产技术推动生产前沿面的外移，而技术效率的改进则具体表现为生产单元向生产前沿面的逐步逼近。Monchuk 等（2010）指出农业技术进步的推动依赖增加农业研发支出、新的生产技术的推广运用。然而，对于如何改进技术效率，学术界尚未形成一致的看法，因此，对影响农业技术效率的因素进行研究将具有更强的现实意义和指导意义。

经济增长主要依靠生产要素的增加和生产率的提高，生产率的提高除劳动者素质的提升和科技进步外，还可以通过良好的基础设施来实现。国内外学者对基础设施对农业和农村发展的贡献进行了大量研究，比较有代表性的有：Easterly和 Rebelo（1994）利用100多个国家的跨国数据证明了交通和通信投资与农村经济增长之间具有直接稳定的联系。Binswanger 等（1993）对印度13个省的研究发现，基础设施投资降低了运输成本，增加了农户的市场参与程度，导致了农业生产的实质性扩张。Canning 等（1994）研究发现，基础设施尤其是电话及电力的投资对农村经济增长率具有重要的积极影响。Thorat 和 Sirohi（2002）研究表明，交通基础设施的投资对于提升农业产量的效应最显著。Teruel 和 Kuroda（2003）对1974~2000年菲律宾的研究发现，农村基础设施是劳动和中间投入的替代品，农村基础设施投资有利于降低农业生产成本、提高农业产出。Teles 和 Mussolini（2010）对巴西、阿根廷、智利和墨西哥的研究发现，交通基础设施能显著提高农业生产率。Ulimwengu 等（2009）在针对刚果的研究中发现，道路基础设施建设能显著改善农业生产条件。Kamara（2007）对非洲国家的研究发现，道路基础设施投资对农户总收入有显著的提高作用。樊胜根（2002）对中国农村的研究指出，道路等基础设施投资有明显的农业增长、减贫和缩小地区差距的效应。董晓霞等（2006）研究了交通基础设施对农村种植业结构的影响，指出农村交通基础设施的完善不仅促进了地区种植业的结构调整，而且大大削弱了生产地与中心消费地之间的地理区位对农业生产空间选择的影响。袁立（2006）研究发现，较好的基础设施可减少农民交易成本，提升交易效率，扩展分工网络，促进农村经济内生增长。张亦弛和代瑞熙（2018）使用2003~2014年全国30个省份的面板数据运用个体和时间双向固定效应模型发现，农村水利、信息、卫生环境和滞后两期时的交通运输基础设施对农业经济增长有显著的正效应。

1995年，互联网进入中国，开启了中国的互联网进程，以互联网为核心的信息技术对中国经济产生了重大的影响。随着宽带网络与4G的建设和智能手机的普及，通信基础设施对农业生产的要素流动、技术进步、生产方式转型产生越来越重要的影响。农村通信网络基础设施可以促进农村生产要素配置的优化，提高农村生产力水平，有利于先进的农业技术和经营管理方式的推广，有利于农产品开拓销售渠道，降低交易成本，有利于知识的传播，提升农民的文化素质和专业技能。

通过对现有文献进行梳理可以发现，研究者对交通基础设施对农业生产的增长效应进行了广泛的研究，但主要集中在交通基础设施对农业产出和农户行为的影响方面，从农业技术效率的角度研究交通基础设施对农业生产的贡献的文献还比较缺乏，对于通信基础设施对农业生产的研究鲜见。刘涛等（2019）利用中国省级面板数据开展了实证研究，发现互联网对农业全要素生产率具有显著的促进作用，并且这种效应在城镇化不同的区域存在显著差异。因此，本章选取农村交通和通信基础设施两项指标，利用三次全国农业普查的调查资料开展实证研究，分析交通和通信基础设施对农业技术效率的作用，比较典型的农村基础设施对农业经济增长效应的差别，从而加深对农业增长的推动因素的理解。

二、交通和通信基础设施对农业技术效率的作用机制

交通和通信基础设施建设对农业技术效率的作用机制主要体现在以下几方面：

（一）通过降低生产要素流动成本促进农业技术效率

通达便捷的交通基础设施能降低农业生产要素的流动成本。农业生产从种子、化肥、农业机械的购置到农产品的收割、仓储再到交易都离不开交通运输。世界银行的研究报告指出，在全世界由于道路和仓储设施的缺乏，农作物从农户流通到消费者的过程中损耗了 15%，如果有较好的农村公路，化肥成本会降低14%。近年来，我国农产品运输条件虽得到不断改善，但农产品现代物流体系建设还比较落后，农产品运输成本高、效率低、损耗大的问题比较突出。我国粮食从产区到销区的物流成本占粮食销售价格的比重达20%～30%，比发达国家高出1倍左右。东北地区的粮食运往南方销区一般需要20～30天。由于运输装卸方式落后，每年损失粮食800万吨左右。通信技术的发展降低了农业生产各个环节的信息沟通成本，能够降低生产要素的交易成本，拓宽农产品销售渠道。

（二）通过加快技术扩散促进农业技术效率

技术扩散是一项技术从首次得到商业化应用，经过大力推广、普遍采用，直

至最后因落后而被淘汰的过程。技术扩散能促使新技术和创新在更大范围内产生经济效益和社会效益，推进产业技术进步和产业结构优化。技术扩散是一个涉及科技与经济活动的复杂过程，不仅需要物质资本和人力资本的配合，还依赖社会环境如市场环境、制度环境以及基础设施环境。发达的交通网络和信息网络使新技术能得到更快普及，使农业生产者能有更多运用新的种植养殖技术的机会，扩大了新技术的运用范围能让农业生产者分享科技进步带来的经济效益。随着交通设施的完善，农业产业规模化经营也将迅速发展，在农业龙头企业的带动下，农户将更乐于接受新的生产技术，抵御生产风险能力增强，加快农业科技投入向生产力的转换，促进农业技术效率的提高。

（三）通过优化生产要素配置促进农业技术效率

优化生产要素配置是指将劳动、资本、土地等生产要素的配置组合达到帕累托最优，这是提高农业生产效率的重要环节。生产要素的优化配置可以通过引进稀缺的生产要素、发挥比较优势、输出冗余的生产要素以及制度创新来实现。通达便捷的交通基础设施有利于农业生产要素的有效配置，能够加快农村劳动力、生产资料、农产品、信息及服务在区域间的流动，促进生产要素流向具有比较优势的行业和地区。长期以来，我国农村经济商业化程度不高，区域比较优势不明显，这在很大程度上都是由于交通基础设施建设的滞后制约了生产要素的市场化流动。

三、交通和通信基础设施普及程度分析

（一）研究方法和模型

为了研究交通和通信基础设施对农业生产技术效率的影响，需要对技术效率进行科学测度。技术效率的测度方法可以分为两类：一是非参数方法，以数据包络分析（Data Envelope Analysis，DEA）方法为代表，该方法借助线性规划的思想构造生产前沿面，优点是无须对生产函数的形式进行任何假定，能够讨论多种投入多种产出的问题，但该方法构造的随机前沿面是确定的，将随机误差也归入到了技术非效率中，并且对分析结果无法进行统计检验。二是参数方法，以随机前沿（Stochastic Frontier Approach, SFA）方法为代表。该方法构造的生产前沿面是随机的，能够区分随机扰动项和技术非效率的影响，可以通过一个非效率方程进一步分析技术非效率的影响因素。但该方法也存在着不可回避的缺陷，如需要对生产函数形式、技术非效率的分布做出假定，只适用于分析单产出多投入的问题。由于本章以我国省级层面的宏观数据为样本，考虑到地区之间的随机性差异的影响显著，随机前沿生产函数方法更适合本书研究的需要。

Aigner 等（1977）、Meeusen 和 Van Den Broeck（1977）分别独立提出了随机前沿生产函数模型的基本框架，在该模型中将传统的生产函数模型中的误差项分解成了两部分，一部分代表随机因素的影响，另一部分则代表了技术非效率（Technical Inefficiency）。为了研究技术效率的影响因素，Battese 和 Broca（1997）对最初的随机前沿生产函数模型进行了改进，将技术非效率表示为一组外生性变量的函数和一个纯随机扰动项，本书就以 Battese 和 Broca（1997）模型为基础，来考察交通和通信基础设施与技术效率的关系，模型公式如下：

$$Y_{it} = X_{it}\beta_{it} + V_{it} - U_{it} \tag{4-1}$$

式中，Y_{it} 是第 t 期第 i 个决策单元的产出；X_{it} 是第 t 期第 i 个决策单元的 k × 1 维投入向量；β_{it} 是 1 × k 维的未知参数向量；V_{it} 是经典白噪声，服从 N（0，σ_V^2）分布；U_{it} 代表技术非效率，独立于 V_{it}；U_{it} 服从在零点截尾的 N（m_{it}，σ_U^2）。技术非效率模型是：

$$m_{it} = z_{it}\delta \tag{4-2}$$

式中，z_{it} 是代表影响技术的 p × 1 维影响因素向量；δ 是 1 × p 维未知参数向量。$\gamma = \sigma_U^2 / (\sigma_U^2 + \sigma_V^2)$ 衡量了复合随机扰动项的方差中技术非效率项所占的比重，该比重越大说明技术非效率状况越普遍，生产过程越适合用随机前沿生产函数来考察。当 γ 接近 1 时，说明模型中的误差主要源于 U_{it}，此时生产单元的实际产出与前沿产出的差距主要源于技术非效率所引致的损失；当 γ 接近 0 时，生产单元的实际产出与前沿产出的差距主要源于统计误差，若在统计检验中 $\gamma = 0$ 的原假设不被拒绝，说明所有生产单元都位于生产前沿面上，无需用随机前沿方法来描述生产行为。技术效率计算公式如下：

$$TE_{it} = E(Y_{it} | U_{it}, X_{it}) / E(Y_{it} | U_{it} = 0, X_{it}) \tag{4-3}$$

其中，TE 等于 1 代表生产单元处于生产前沿面上，实际产出等于前沿产出；TE 介于 0 和 1 之间，代表生产单元位于生产前沿下方，反映了生产单元的实际产出和利用该投入组合能够实现的最大产出之间的比值。

在生产函数形式的选择上，本书沿用在中国农业生产实证研究中广泛采用的 Cobb - Douglas 函数形式。以农业总产值为产出变量、土地投入、劳动力投入、机械动力投入、化肥投入和灌溉投入为要素投入变量反映公路、铁路及水路交通基础设施存量的变量作为技术效率影响因素的随机前沿生产函数模型，公式如下：

$$LnY_i = \beta_0 + \beta_1 LnLabor_i + \beta_2 LnLand_i + \beta_3 LnFertilizer_i + \beta_4 LnMachine_i + \beta_5 Irrigation_i + V_i - U_i \tag{4-4}$$

技术非效率模型为：

$$U_i = \delta_0 + \delta_1 infra_i + w_i \tag{4-5}$$

（二）样本和数据

为了能客观地反映农村地区交通和通信基础设施建设的发展状况，本书利用全国农业普查中对乡镇及村一级的基础设施调查资料。虽然在我国官方出版的《中国统计年鉴》、《中国交通年鉴》中公布了公路、铁路和水路的里程以及货运量的数据，在《固定资产投资统计年鉴》中公布了历年交通运输业固定资产投资的数据，但上述数据都是基于行政区域统计的，缺乏专门针对农村交通基础建设的数据。如果利用这类数据进行研究，不能对农村及农业生产密切联系的交通基础设施进行客观真实的反应。

随着我国农业普查制度的建立，三次全国农业普查对乡镇、村一级的基础设施进行了全面深入的调查。因此，本书将利用三次农业普查调查的乡镇、村级的公路、铁路、码头的普及程度来度量交通基础设施通达程度。在 1996 年第一次农业普查时，由于农村电话还不普及，在第一次农业普查关于农村通信基础设施的调查中主要调查了村委会距离邮电的距离；在 2006 第二次农业普查中增加了关于是否通电话的行政村和自然村的调查；在 2016 年第三次农业普查中对于农村通信基础设施的调查除调查是否通电话，还进一步增加了是否安装了有线电视、是否接入宽带互联网，是否有电子商务配送站三个调查项目。因此在本书中，将利用 2006 年和 2016 年通电话村的比重，2016 年安装了有线电视、是否接入宽带互联网，是否有电子商务配送站的村的比重作为农村通信基础设施普及程度的衡量。

本章选取的样本是 31 个省份，利用 1996 年，2006 年和 2016 年三个年份的截面资料，分别估计在这三个年份的模型待估参数。这样处理的原因有以下三点：一是迄今为止我国农业普查只开展了三次；二是由于三次农业普查之间间隔长达 10 年，两个年份的投入产出模式不是同质的，因此不宜将这三个年份的数据作为面板数据来处理；三是这样处理能比较不同类型的交通和通讯基础设施对农业技术效率的作用在不同年份的差异。模型（4 - 4）和模型（4 - 5）中变量的定义如表 4 - 1 所示。

表 4 - 1　随机前沿生产函数模型中的变量定义

变量符号	变量含义	度量指标	单位
Y	农业总产值	农林牧渔业总产值	亿元
Labor	劳动力投入	乡村农林牧渔业从业人数	万人
Land	土地投入	农作物总播种面积	千公顷
Machine	机械动力投入	农业机械总动力	万千瓦
Fertilizer	化肥投入	农业生产的化肥施用量	万吨
Irrigation	灌溉投入	有效灌溉面积	千公顷
Infrastructure			
Road	公路普及程度	通公路村的比重	%
Highway	高速公路普及程度	有高速公路乡镇的比重	%
Rail	铁路普及程度	有火车站乡镇的比重	%
Dock	码头普及程度	有码头乡镇的比重	%
Phone	电话普及程度	通电话村的比重	%
CATV	有线电视普及程度	安装了有线电视村的比重	%
ADSL	宽带普及程度	通宽带互联网村的比重	%
Estation	电子商务普及程度	有电子商务配送站点村的比重	%

（三）随机前沿生产函数模型估计结果

1. 公路普及程度与技术效率

据三次农业普查对农村公路普及程度的调查显示（见表 4 - 2），1996 年东、中、西部地区通公路村的比重还存在较大差异，东部地区通公路村的比重为94.1%，中部地区是92.2%，而西部地区是79.7%，东部和中部地区公路通达程度比较接近，而西部地区明显落后于东中部地区。2006年东部和东北地区通公路村的比重都超过了98%，中部地区达到96.1%，西部地区达到91.2%。2016年，西部地区通公路村的比重已经达到98.3%，与中东部地区差距明显缩小，表明在这20年间，西部地区的公路建设快速发展，公路普及程度得到显著改善。2016年全国有高速公路出入口的乡镇达到21.5%，东部地区达到28.9%、中部地区为22.6%、西部地区为17.0%、东北地区为19.9%。这表明在村村通公路已经基本实现的情况下，各地区高速公路通达程度还存在一定差距。

表4-2　三次农业普查村通公路村的比重　　　　单位:%

年份	东部地区	中部地区	西部地区	东北地区	全国
1996	94.1	92.2	79.7	/	88.0
2006	98.2	96.1	91.2	98.1	95.5
2016	99.9	99.5	98.3	99.7	99.3

注：第一次农业普查将全国划分为三大地区：东部地区包括北京、天津、河北、辽宁、上海、江苏、浙江、福建、山东、广东、广西、海南12地；中部地区包括山西、内蒙古、吉林、黑龙江、安徽、江西、河南、湖北、湖南9地；西部地区包括重庆、四川、贵州、云南、西藏、陕西、甘肃、宁夏、青海、新疆10地。第二次和第三次农业普查农业将全国分为四大地区：东部地区包括北京、天津、河北、上海、江苏、浙江、福建、山东、广东、海南10地。中部地区包括山西、安徽、江西、河南、湖北、湖南6地。西部地区包括内蒙古、广西、重庆、四川、贵州、云南、西藏、陕西、甘肃、青海、宁夏、新疆12地。东北地区包括辽宁、吉林、黑龙江3地。

表4-3报告了选用公路普及程度作为基础设施代理变量的估计结果。由于在技术非效率模型中变量系数反映的是该变量对技术非效率的影响，若估计的系数为负，表明该变量的增加导致了技术非效率的减少，即该变量对技术效率有积极作用。从1996年、2006年和2016年的随机前沿生产函数的估计结果可以看出，在非技术效率方程中，Road的系数都显著为负，意味着公路普及程度越高，非技术效率越低，技术效率越高。在技术非效率方程中Road的系数在三个年份分别为-0.028，-0.130和-0.236，表明公路普及程度对农业技术效率的影响效应呈现扩大化趋势，公路普及程度的差异对农业技术效率的差异有越来越明显

的影响。

2016年的农业普查中还调查了拥有高速公路出口乡镇的比重，所以在2016年的非技术效率分析中还引入了拥有高速公路出口乡镇的比重这个反应交通基础设施通达程度的变量，Highway的系数为 -0.144，在1%水平下高度显著，表明高速公路越通达的地区，农业技术效率越高。

对比表4-5中第（1）列，第（2）列和第（3）列报告的参数估计结果可以发现，1996年农业产出对劳动力投入的弹性系数是0.078，2006年该弹性系数为0.337，2016年该弹性系数为0.505，表明劳动力投入对产出的贡献得到明显改善。而土地投入变量的系数在1996年和2006年分别是0.112和0.627，在1%的水平上显著，但在2016年土地投入的系数不显著，说明土地投入对产出的影响在弱化。机械动力投入的系数在1996年是0.289在1%的水平上显著，但在2006年和2016年机械动力投入对农业产出的影响不明显。化肥投入在三个普查年份对农业产出的影响都显著，比较三个年份系数的估计值可以发现，2016年农业产出对化肥投入的弹性系数0.509明显低于2006年和1996年农业产出对化肥投入的弹性系数0.872和0.865，表明随着化肥投入的增多，土壤环境恶化，化肥投入对农业产出的贡献下降。灌溉投入在1996年和2006年对农业产出都有显著贡献，在2016年对农业产出的影响不显著。

表4-3　随机前沿生产函数模型估计结果（公路普及程度）

	（1）	（2）	（3）	（4）
	1996 年	2006 年	2016 年	2016 年
LnLabor	0.078 ***	0.337 **	0.505 ***	0.571 ***
	(0.000)	(0.142)	(0.155)	(0.153)
LnLand	0.112 ***	0.627 ***	− 0.254	− 0.209
	(0.000)	(0.196)	(0.179)	(0.164)
LnMachine	0.289 ***	− 0.148	− 0.138	− 0.104
	(0.000)	(0.140)	(0.232)	(0.217)
LnChemical	0.865 ***	0.872 ***	0.509 ***	0.460 ***
	(0.000)	(0.171)	(0.168)	(0.167)
LnIrrigation	0.287 ***	0.389 *	0.300	0.260
	(0.000)	(0.204)	(0.212)	(0.199)

续表

	（1）	（2）	（3）	（4）
	1996 年	2006 年	2016 年	2016 年
_cons	3.218***	4.323***	3.037***	2.682***
	(0.000)	(0.508)	(0.578)	(0.576)
LnSig2v：				
_cons	−38.202	−3.571***	−2.574***	−2.996***
	(645.549)	(0.649)	(0.260)	(0.580)
Lnsig2u：				
Road	−0.028***	−0.130*	−0.236***	
	(0.003)	(0.070)	(0.044)	
Highway				−0.144***
				(0.015)
_cons	−4.449*	9.782	16.145	0.545
	(2.629)	(6.320)	(32.539)	(2.110)
N	31	31	31	31
ll	8.384	−0.626	−4.269	−3.467
aic	1.232	19.251	26.537	24.934
bic	14.138	32.157	39.443	37.840

注：***代表在1%的水平上显著，**代表在5%的水平上显著，*代表在10%的水平上显著。

通过随机前沿生产函数模型，利用式（4 - 3）可以估计出各省份的技术效率。从全国层面来看，1996 年平均农业技术效率为 0.735，2006 年为 0.823，2016 年为 0.835，表明农业技术效率整体明显提高。从我国的三大区域来看，农业技术效率呈现出东部最高、中部其次、西部最低的现象，但区域之间的差距却发生了变化。从表 4 - 4 中可以看出，东部和中部地区农业技术效率的差距从 1996 年的 0.129 缩小到 2006 年的 0.044，而东部和西部地区之间农业技术效率的差距从 1996 年的 0.203 扩大到 2006 年的 0.236。比较这两个时期交通基础设施的普及程度可以发现，在 2006 年西部地区公路、铁路、码头的普及程度比起 1996 年有了显著提高，但是比起中东部地区这类基础设施的普及程度仍有较大差距，这种差距加剧了区域间农业技术效率的不平衡。

表 4 - 4   东中西部地区农业技术效率

地区	1996 年	2006 年	2016 年
东部	0.884	0.912	0.931
中部	0.755	0.868	0.897
西部	0.681	0.676	0.756
全国	0.772	0.809	0.835

2. 铁路普及程度与技术效率

三次农业普查对农村铁路普及程度的调查显示（见表 4 - 5），在 1996 年，东部地区有火车站乡镇的比重为 9.6%，中部地区是 11.5%，而西部地区为 6.2%，中部地区铁路路网系统最发达。2006 年，东部地区有火车站乡镇的比重是 8.1%，中部地区是 10.2%，西部地区是 8.2%，东北地区最高是 21.1%。这是因为根据国家的西部大开发战略，在第二次农业普查中我国的经济区域被划分为东部、中部、西部和东北四大地区，与第一次农业普查的东中西部地区的划分不同。2016 年四大区域有火车站乡镇的比重都有所下降，全国乡镇中有火车站比重也从 2006 年的 9.6% 下降到 2016 年的 8.6%，这在一定程度上是由于我国铁路建设路网调整关停了一部分低速铁路线路导致的。

表 4 - 5   三次农业普查有火车站乡镇的比重   单位:%

年份	东部地区	中部地区	西部地区	东北地区	全国
1996	9.6	11.5	6.2	—	8.8
2006	8.1	10.2	8.2	21.1	9.6
2016	7.6	8.3	7.7	18.0	8.6

技术非效率方程中的 Rail 代表一个地区乡镇有火车站的比重，该比重越大，表明该省份铁路基础设施越普及。从 1996 年、2006 年、2016 年的铁路普及程度前沿随机生产函数的估计结果（见表 4 - 6）可以看出，在非技术效率方程中，Rail 的系数都显著为负，表明铁路普及程度越高，非技术效率越低，技术效率越高。在技术非效率方程中 Road 的系数在三个年份分别为 - 0.075， - 0.017 和

-0.114，2016 年铁路普及程度对农业技术效率的影响效应明显大于 2006 年和 1996 年。2010 年我国已步入高铁快速建设时代，铁路建设对农业技术效率的影响效应也日益加大。

表 4-6　随机前沿生产函数模型估计结果（铁路普及程度）

	（1） 1996 年	（2） 2006 年	（3） 2016 年
LnLabor	0.078***	0.255	0.385*
	(0.000)	(0.162)	(0.198)
LnLand	-0.112***	-0.587***	-0.136
	(0.000)	(0.213)	(0.180)
LnMachine	0.289***	-0.109	-0.215
	(0.000)	(0.163)	(0.210)
LnChemical	0.865***	1.029***	0.659***
	(0.000)	(0.147)	(0.159)
LnIrrigation	-0.287***	0.260	0.203
	(0.000)	(0.227)	(0.223)
_cons	3.218***	4.459***	3.579***
	(0.000)	(0.534)	(0.620)
Lnsig2v:			
_cons	-38.047	-3.616***	-2.841***
	(653.525)	(0.846)	(0.623)
Lnsig2u:			
rail	-0.075***	-0.017**	-0.114***
	(0.016)	(0.009)	(0.029)
_cons	-2.644***	-2.227**	-4.131
	(0.878)	(1.136)	(2.992)
N	31	31	31
ll	8.306	-2.986	-4.464
aic	1.387	23.972	26.928
bic	14.293	36.878	39.834

注：***代表在 1% 的水平上显著，**代表在 5% 的水平上显著，*代表在 10% 的水平上显著。

3. 码头普及程度与技术效率

三次农业普查对农村地区码头普及程度的调查显示（见表4－7），1996年，东部地区有码头乡镇的比重为10.7%，中部地区是4.0%，而西部地区是1.3%，全国有码头乡镇的比重为5.3%。2006年，东部地区有码头乡镇的比重增加到13.8%，中部地区达到9.4%，西部地区达到6.8%，东北地区达到3.0%。2016年东部地区有码头乡镇比重比2006年下降了3.8%，中部地区下降了0.9%，西部地区下降了0.1%，东北地区增加了0.3%，全国整体下降了1.2%。由于我国乡镇建制的调整，2006年全国有34461个乡镇，2016年全国有31755个乡镇，部分乡镇合并成立新的市，减少了乡镇的建制。东部河网密集的长江三角洲、珠江三角洲地区等经济发达地区的乡镇建制减少，这些经济发达地区的乡镇合并成市，导致了东部地区有码头的乡镇比重下降。

表4－7　三次农业普查有码头的乡镇比重　　　　　　　　单位:%

年份	东部地区	中部地区	西部地区	东北地区	全国
1996	10.7	4.0	1.3	—	5.3
2006	13.8	9.4	6.8	3.0	8.9
2016	10.0	8.5	6.7	3.3	7.7

技术非效率方程中的 Dock 代表一个地区乡镇有码头的比重，该比重越大，表明该省份水路基础设施越普及。从1996年、2006年、2016年的码头普及程度前沿随机生产函数的估计结果（见表4－8）可以看出，在非技术效率方程中，Dock 的系数在1996年显著为负，在2006年和2016年都不显著，表明1996年码头普及程度越高，非技术效率越低，技术效率越高。但是在2006年和2016年，码头普及程度对农业技术效率的改善没有明显作用。我国不同省区市地形地貌差别较大，长江珠江中下游流域水系发达，具有得天独厚的水运条件，但是水运运输周期长，不适合运输季节性时令性的农产品。另外，乡镇码头基础设施的普及程度有显著提高，但是由于自然资源恶化、水资源紧缺，很多过去能使用的天然航道不再具备通航能力，因此，码头的普及程度对技术效率的影响非常有限。

表4-8　随机前沿生产函数模型估计结果（码头普及程度）

	（1）	（2）	（3）
	1996 年	2006 年	2016 年
LnLabor	0.201 ***	0.272 *	0.464 ***
	(0.063)	(0.146)	(0.148)
LnLand	0.011	-0.583 ***	-0.241
	(0.059)	(0.201)	(0.152)
LnMachine	0.170 **	-0.047	-0.196
	(0.073)	(0.160)	(0.206)
Lnchemical	0.716 ***	0.912 ***	0.502 ***
	(0.041)	(0.167)	(0.134)
LnIrrigation	-0.316 ***	0.278	0.383 **
	(0.043)	(0.202)	(0.189)
_cons	3.128	4.230 ***	3.187 ***
	(0.000)	(0.572)	(0.467)
Lnsig2v：			
_cons	-30.529	-3.391 ***	-3.221 ***
	(156.040)	(0.701)	(0.331)
Lnsig2u：			
Dock	-0.328 ***	-0.110	-0.631
	(0.061)	(0.140)	(0.415)
_cons	-0.773 *	-1.709 **	-1.325
	(0.412)	(0.664)	(0.975)
N	31	31	30
ll	16.624	-1.705	2.099
aic	-17.247	21.411	13.802
bic	-5.775	34.316	26.413

注：＊＊＊代表在1%的水平上显著，＊＊代表在5%的水平上显著，＊代表在10%的水平上显著。

4. 通信设施普及程度与技术效率

根据第二次农业普查的调查，2006 年末 81.9% 的乡镇已经完成农村电网改造，98.7% 的村通电，98.3% 的自然村通电；97.6% 的村和 93.7% 的自然村通电话，81.1% 的乡镇有邮电所。从表 4-9 可以看出，东部、中部和西北部地区电话的普及程度相差无几，只有西部地区低于全国平均水平。

表4-9 第二次农业普查通信基础设施普及程度   单位:%

条件	全国	东部地区	中部地区	西部地区	东北地区
通电的村	98.7	99.8	99.8	96.0	99.9
通电话的村	97.6	99.6	98.6	93.8	99.6
通电的自然村	98.3	99.6	99.4	96.1	99.9
通电话的自然村	93.7	97.0	95.2	89.6	98.9

2016年末，99.7%的村通电、11.9%的村通天然气、99.5%的村通电话、82.8%的村安装了有线电视、89.9%的村通宽带互联网、25.1%的村有电子商务配送站点。从表4-10可以看出，全国四大区域中，西部安装了有线电视村的比重、通宽带互联网村的比重都显著低于全国平均水平。有电子商务配送站点村的比重在东中西部地区差异较大，只有东部地区比全国平均水平高，东北地区、中部地区和西部地区都低于全国平均水平。

表4-10 第三次农业普查通信基础设施普及程度   单位:%

条件	全国	东部地区	中部地区	西部地区	东北地区
通电话的村	99.5	100.0	99.7	98.7	100.0
安装了有线电视的村	82.8	94.7	82.9	65.5	95.7
通宽带互联网的村	89.9	97.1	92.7	77.3	96.5
有电子商务配送站点的村	25.1	29.4	22.9	21.9	24.1

表4-11中，非效率方程中的解释变量Phone代表的是通电话的村的比重。从2006年和2016年的前沿随机生产函数的估计结果可以看出，Phone的系数都不显著，代表电话的普及程度对技术效率没有显著影响。这个结果不符合预期，因为通常而言电话越普及，信息传递越快，由信息传递带来的农业生产要素的流动和成本都会下降，而基于2006年和2016年的数据，模型的估计结果却得出电话的普及程度对技术效率没有显著影响的结论。这在一定程度上是因为在中国各省区市通电话村的比重都已经较高了，从表4-9和表4-10中可以看出2006年通电话村在东部地区达到97%，在最低的西部地区是89.6%，东部地区和西部

地区的差距为 7.4%；2016 年，通电话村在东部地区达到 99.7%，而在最低的西部地区也已经达到 96%，东部地区和西部地区的差距缩小到 1.7%。由于电话的普及程度在各省区市中的差异不大，所以电话的普及程度无法解释技术效率的差异。

表 4 - 11　随机前沿生产函数模型估计结果（电话普及程度）

	(1)	(2)
	2006 年	2016 年
LnLabor	0.284 *	0.502 ***
	(0.164)	(0.158)
LnLand	- 0.611 ***	- 0.216
	(0.211)	(0.175)
LnMachine	- 0.126	- 0.283
	(0.151)	(0.223)
LnChemical	1.005 ***	0.578 ***
	(0.189)	(0.165)
LnIrrigation	0.295	0.349
	(0.229)	(0.253)
_cons	4.458 ***	3.168 ***
	(0.538)	(0.668)
Lnsig2v：		
_cons	- 3.612 ***	- 2.550 ***
	(0.875)	(0.383)
Lnsig2u：		
Phone	- 0.007	- 0.374
	(0.049)	(2.368)
_cons	- 1.390	30.931
	(4.748)	(205.606)
N	31	31
ll	- 3.000	- 4.630
aic	23.999	27.260
bic	36.905	40.166

注：*** 代表在 1% 的水平上显著，** 代表在 5% 的水平上显著，* 代表在 10% 的水平上显著。

在表4-12第（1）列中的非效率方程中的基础设施变量是开通有线电视村的比重，CATV 的系数是 -0.042，在1%的水平上显著，表明有线电视普及程度越高，非技术效率越低，技术效率越高。第（2）列中的非效率方程中的基础设施变量是通宽带互联网村的比重，ADSL 的系数为 -0.039，在1%的水平上显著，表明宽带互联网的比重越高，技术效率越高。有线电视和宽带互联网的普及增加了农村居民信息来源渠道，能够收看更多的频道和节目，开阔视野，了解新的技术和市场信息，有助于农业技术效率的改善。从表4-10中可以看到在我国不同地区，安装了有线电视村的比重在东部地区达到94.7%，西部地区为65.5%；通宽带互联网村的比重在东部地区达到97.1%，西部地区达到77.3%。无论是东部地区，还是东北地区、中西部地区，宽带互联网的普及程度比有线电视的普及程度高，表明随着我国通信技术的发展及上网资费的下降，农村地区的宽带接入已经比较普遍。加快农村地区的宽带接入，有利于信息的传递、要素的流通、劳动者素质的提升，促进技术效率的改进。

表4-12 随机前沿生产函数模型估计结果（有线电视和宽带普及程度）

	(1) 2016 年	(2) 2016 年
LnLabor	0.532 *** (0.150)	0.512 *** (0.157)
LnLand	-0.181 (0.164)	-0.205 (0.172)
LnMachine	-0.197 (0.220)	-0.183 (0.234)
LnChemical	0.447 *** (0.169)	0.490 *** (0.178)
LnIrrigation	0.313 (0.207)	0.302 (0.220)
_cons	3.069 *** (0.537)	3.131 *** (0.587)
Lnsig2v :		
_cons	-2.933 *** (0.475)	-2.741 *** (0.670)

续表

	(1) 2016 年	(2) 2016 年
Lnsig2u:		
CATV	- 0. 042 *** (0. 013)	
ADSL		- 0. 039 *** (0. 018)
_cons	0. 087 (1. 622)	- 0. 161 (2. 499)
N	31	31
ll	- 3. 287	- 4. 244
aic	24. 574	26. 489
bic	37. 480	39. 395

注：***代表在1%的水平上显著，**代表在5%的水平上显著，*代表在10%的水平上显著。

表 4 - 13 列出了在非效率方程中用电子商务配送站普及程度来衡量基础设施的估计结果。随着我国电子商务的发展，在第三次农业普查中专门增加了对村是否有电子商务配送点的调查。表中 E_Station 的系数是 - 0. 356，在 1% 的水平上显著，表明电子商务配送点的比重越高的地区，技术非效率越低，技术效率越好，电子商务配送点的普及程度对农业技术效率有显著的提升作用。在国家政策支持下农村电商发展异常迅速，各种农村电商模式层出不穷。阿里提出千县万村计划，3 ~ 5 年建成 2000 个县级运营中心和 20 万个村级电商服务站，京东推出京东帮服务点模式，覆盖全国县级城市。电子商务配送点能让农业生产者获得质优价廉的生产资料，也拓宽农产品的销售渠道，降低农产品的仓储物流成本。根据表 4 - 10 中的调查结果，2016 年全国有 25. 1% 的村有电子商务配送站点，在东部地区有电子商务配送站点的村达到 29. 4%，西部地区也达到了 21. 9%，表明村级电商物流平台还有广阔的发展空间，电商物流的发展对我国提高农业生产技术效率有重要意义。

表 4 – 13　随机前沿生产函数模型估计结果（电子商务配送站普及程度）

	（1） 2016 年
LnLabor	0. 520 ***
	（0. 154）
LnLand	− 0. 262
	（0. 178）
LnMachine	− 0. 129
	（0. 233）
LnChemical	0. 474 ***
	（0. 174）
LnIrrigation	0. 319
	（0. 209）
_cons	2. 976 ***
	（0. 569）
Lnsig2v:	
_cons	− 2. 611 ***
	（0. 268）
Lnsig2u:	
E_station	− 0. 356 ***
	（0. 126）
_cons	0. 486
	（2. 945）
N	31
ll	− 4. 007
aic	26. 014
bic	38. 920

注：***代表在1%的水平上显著，**代表在5%的水平上显著，*代表在10%的水平上显著。

四、本章小结

　　本章利用三次全国农业普查的调查资料通过建立随机前沿生产函数模型对农

村交通和通信普及程度对农业技术效率的影响进行定量研究。实证研究的主要结论是：农村地区公路、铁路、有线电视、宽带和电子商务配送点的普及率对技术非效率有显著的负面影响，实质上反映了公路、铁路、有线电视、宽带和电子商务配送点的可达性程度越高，效率损失越低，技术效率越高。在实证研究中，码头和电话的普及程度对技术效率没有显著的影响。

从实证研究的发现来看，我国农业生产更加依赖公路和铁路的运输方式，这和我国农业生产小规模分散经营的特点是一致的。公路运输和铁路运输具有灵活方便的特点，适合小规模货物的运输，因此在公路铁路网发达的地区，农业生产潜力发挥得更好。水路运输则更适合大宗货物，货物运输周期长，对我国现阶段农业生产的技术效率影响有减弱的趋势。有线电视和宽带互联网的实现、电商商务配送点的普及都对农业技术效率有显著的促进作用，而电话由于普及率在我国各个地区已经基本实现，对农业技术效率的提升作用不明显。基于上述分析，对我国交通和通信基础设施建设提出以下建议：

第一，加强农村地区公路网建设对提高农业技术效率有重要的意义。建议政府部门要加强县乡道改造、连通工程、乡镇客运站场建设，拓宽公路建设资金来源，鼓励农民群众积极投工投劳，加强农村公路养护管理，构建责任明确、运转高效的农村公路管理体制和运行机制。

第二，当前我国正进入轨道交通建设的高峰期，要抓住我国铁路高速建设带来的发展契机，农业生产要加快向集约化、产业化、规模化经营的转型，要加强对农村地区道路和火车站场的交通衔接工程建设及火车站周边农产品物流综合枢纽的建设，提升铁路站场货物装卸效率，降低大宗农产品的铁路运输成本，使农民能分享铁路基础设施快速发展带来的成果。

第三，农业生产不可忽视水路运输成本低、灵活方便的优势。要利用地理区位优势，重视对资源和环境的保护，加强对航道及码头的建设和维护，充分发挥公路、水路、铁路、航空等多种运输方式的互补作用。

第四，基础设施建设投资要适当地向落后地区倾斜。中东西部地区交通基础设施建设的差距是区域间农业技术效率存在差异的重要原因。我国东部地区具有优越的水路运输地理条件，东北地区具有发达的铁路运输网络，地区间经济发展的不平衡导致的交通基础设施投资在区域间存在显著差异，这些导致了我国东中西部地区农业技术效率差距的加大，加剧了地区间农业生产发展的不平衡。因此，国家要加强对落后地区特别是偏远山区交通基础设施建设的扶持。

第五，加快农村地区通信基础设施的建设，建设农村电商物流平台，利用区域资源优势，发展特色农业。农村电商物流缺少统一规划，存在配送路径不畅、专业人才缺乏、服务网点偏少、成本居高不下等困难和问题，应全力打造农村智慧物流供应链体系，彻底解决农村电商物流"最后一公里"的难题，降低生产要素和农产品的物流成本。

第五章　农村基础设施对农业全要素生产率的影响的实证研究

本章以中国农业为背景对农村基础设施对农业全要素生产率的影响进行实证研究，试图回答以下几个问题：农村基础设施对农业全要素生产率的影响效应是什么？从长期和短期看，农村基础设施的生产率效应有何差异？农村基础设施对农业全要素生产率的影响路径是什么，农村基础设施的生产率增长效应是技术进步推动型或是技术效率推动型？公路、灌溉、电力三类农村基础设施对农业全要素生产率的影响有何差异？为了探究上述问题，首先建立一个分析基础设施的全要素生产率效应的理论模型，然后分别从全国总量时间序列数据层面和省区面板数据层面展开实证研究，以期对上述问题能有多角度的认识和发现。

一、理论模型构建

发展经济学家 Rosenstein – Rodan （1943）和 Hirschman （1958）认为基础设施能通过网络经济和规模经济间接地促进资本和劳动生产率的提高，并将基础设施对经济增长的间接效益称作基础设施的溢出效应。内生增长理论认为基础设施资本不仅仅通过资本积累效应直接促进经济增长，还通过间接地提高全要素生产率的方式促进了经济增长（Barro，1999；Lucas，1988）。本章借鉴 Hulten 等（2006）的思想构造了一个分析基础设施和经济增长的理论模型，认为基础设施一方面通过促进要素投入的增加扩大产出，另一方面还能促进全要素生产率的提高。生产函数模型如下：

$$Q = A（\theta, I）F（K, L, I） \tag{5-1}$$

式中，Q 表示总产出，K 和 L 分别表示私人资本存量和劳动投入，I 表示基础设施资本存量，θ 表示影响全要素生产率的其他因素。F（K，L，I）代表基础设施资本可以作为投入要素直接促进产出的增加，A（θ，I）代表基础设施还能通过影响全要素生产率进而间接影响总产出。本书研究关注的基础设施对全要素生产率的影响效应就是 A（θ，I）部分，即：

$$TFP = A（\theta, I） \tag{5-2}$$

本书全要素生产率的影响因素可分为两类：一是目标变量，即基础设施；二是控制变量，就是现有文献中公认的对全要素生产率的影响因素，如产业结构、劳动力结构、宏观政策和制度等变量。接下来将以此理论模型为基础，构建实证研究的经济计量模型。首先将基于全国层面时间序列数据构建农业全要素生产率和农村基础设施之间的长期均衡模型和短期波动模型，分析农村基础设施对农业全要素生产率的长期效应和短期效应。其次，以省级层面的面板数据为样本，考察农村基础设施对农业全要素生产率的影响，分析不同类型的基础设施对农业全要素生产率的影响是通过技术进步传导的，还是通过技术效率传导的。

二、基于全国层面时间序列的实证分析

（一）数据和变量

本章通过对 1985～2015 年全国层面的农村基础设施和农业全要素生产率进行研究，分析两者之间的系统变化关系。农村基础设施选择了三类具有代表性的典型：公路、灌溉和电力。考虑到数据的可获得性，基础设施效果发挥的时滞性，采用了三类形成物来衡量基础设施的规模，其中公路（Road）用全国公路里程（单位：万千米）来衡量，灌溉（Irrigation）用全国有效灌溉面积（单位：千公顷）来衡量，电力（Power）用农村水电装机容量（单位：千瓦）来衡量。农业全要素生产率采用前文计算的结果，以 1985 年为基期的累积 TFP 指数。

由于数据的自然对数变换不改变原来的协整关系并能使其趋势线性化，消除时间序列中的异方差现象，因此对累积 TFP 指数，农村公路里程、有效灌溉面积和农村用电量进行自然对数变换，分别用 LnTFP、LnRoad、LnIrrigation、LnPower 代表 TFP 累积指数、农村公路里程、有效灌溉面积和农村用电量取自然对数后对应的数值。

（二）时间序列的相关检验

1. 时间序列的平稳性检验

由于研究期间跨越 31 年，研究期间较长，时间序列可能表现出明显的趋势性非平稳序列。而把非平稳的时间序列用于以平稳序列为基础的计量经济回归分析会影响分析的有效性，因此有必要先对研究序列的平稳性作出检验。时间序列 LnTFP、LnRoad、LnIrrigation、LnPower 的平稳性检验结果如表 5 - 1 所示。

表 5 - 1　时间序列的平稳性检验

序列	ADF 统计量	P 值	ADF 检验模型形式（c，t，k）	结论
LnTFP	1.524	0.963	（c，t，1）	非平稳
LnRoad	-1.903	0.627	（c，t，1）	非平稳
LnIrrigation	-2.876	0.181	（c，t，2）	非平稳
LnPower	-1.653	0.441	（c，t，6）	非平稳
D（LnTFP）	-3.484*	0.067	（c，t，6）	平稳
D（LnRoad）	-5.356***	0.001	（c，t，0）	平稳
D（LnIrrigation）	-3.989**	0.026	（c，t，0）	平稳
D（LnPower）	-4.192**	0.018	（c，t，5）	平稳

注：ADF 检验的原假设：序列存在单位根，是非平稳序列；备择假设：序列不存在单位根，是平稳序列。ADF 检验模型形式中的 c 代表有常数项，t 代表含时间趋势，k 代表滞后期数。* 表示在 10% 的水平上显著，** 表示在 5% 的水平上显著，*** 表示在 1% 的水平上显著。

LnTFP、LnRoad、LnIrrigation、LnPower 是非平稳序列，但它们的一阶差分序列 D（LnTFP）、D（LnRoad）、D（LnIrrigation）、D（LnPower）都是平稳的，也就是说 LnTFP、LnRoad、LnIrrigation、LnPower 是一阶单整序列。

2. 因果关系检验

经济计量模型实质上是用回归分析工具讨论一个经济变量和其他经济变量的依存性问题，但这并不意味着这个经济变量和其他经济变量之间必然存在着因果关系。因此为了讨论农村基础设施和农业全要素生产率之间是否必然存在因果关系，需要检验作为结果的变量农业全要素生产率是否由作为原因的农村基础设施变量所决定的，虽然经济增长理论宣称在基础设施与经济增长之间存在因果关系，但仍然需要经验数据的支持。因此，接下来将运用格兰杰（Granger）因果关系检验讨论LnTFP 和 LnRoad、LnIrrigation、LnPower 这三个变量的因果关系形式。

格兰杰检验中滞后长度的选择是任意的，并且因果检验的结果对滞后长度的选择有时比较敏感，也就是选择不同的滞后长度有时会得出不同的因果关系的形式的结论。因此，通常的做法是，在进行格兰杰因果关系检验时，通常对不同的滞后长度分别进行试验，若得到的检验结论一致，则说明检验结论比较可靠。本书分别以滞后长度为 2 期、3 期、4 期对 LnTFP 和 LnRoad、LnTFP 和 LnIrrigation、LnTFP 和 LnPower 进行了格兰杰因果关系检验，结果报告在表 5 - 2 中。滞后长度无论是 2 期或是 3 期、4 期的格兰杰因果关系检验在 10% 的显著性水平下都拒绝了 LnRoad 不是 LnTFP 的格兰杰原因、LnIrrigation 不是 LnTFP 的格兰杰原因以及 LnPower 不是 LnTFP 的格兰杰原因的原假设，而无法拒绝 LnTFP 不是 LnRoad 的格兰杰原因、LnTFP 不是 LnIrrigation 的格兰杰原因和 LnTFP 不是 LnPower 的格兰杰原因的原假设。因此 LnTFP 和 LnRoad、LnIrrigation、LnPower 之间是单向因果关系，也就意味着农业全要素生产率是由公路、灌溉、电力所决定的。

表 5 - 2　格兰杰因果检验

滞后	原假设	Obs	F 值	结论
2 期	LnRoad 不是 LnTFP 的格兰杰原因	29	4.575 **	拒绝
	LnTFP 不是 LnRoad 的格兰杰原因		0.317	不拒绝
	LnIrrigation 不是 LnTFP 的格兰杰原因	29	9.687 ***	拒绝
	LnTFP 不是 LnIrrigation 的格兰杰原因		1.741	不拒绝
	LnPower 不是 LnTFP 的格兰杰原因	29	6.235 ***	拒绝
	LnTFP 不是 LnPower 的格兰杰原因		0.769	不拒绝
3 期	LnRoad 不是 LnTFP 的格兰杰原因	28	3.045 *	拒绝
	LnTFP 不是 LnRoad 的格兰杰原因		0.746	不拒绝
	LnIrrigation 不是 LnTFP 的格兰杰原因	28	9.353 ***	拒绝
	LnTFP 不是 LnIrrigation 的格兰杰原因		1.752	不拒绝
	LnPower 不是 LnTFP 的格兰杰原因	28	10.767 ***	拒绝
	LnTFP 不是 LnPower 的格兰杰原因		0.871	不拒绝

续表

滞后	原假设	Obs	F 值	结论
4 期	LnRoad 不是 LnTFP 的格兰杰原因	27	3.027 *	拒绝
	LnTFP 不是 LnRoad 的格兰杰原因		2.19	不拒绝
	LnIrrigation 不是 LnTFP 的格兰杰原因	27	4.520 **	拒绝
	LnTFP 不是 LnIrrigation 的格兰杰原因		0.865	不拒绝
	LnPower 不是 LnTFP 的格兰杰原因	27	7.872 ***	拒绝
	LnTFP 不是 LnPower 的格兰杰原因		1.426	不拒绝

注：* 表示在 10% 的水平上显著，** 表示在 5% 的水平上显著，*** 表示在 1% 的水平上显著。

3. 协整检验

如果利用经典回归模型对非平稳序列进行分析，有可能造成虚假回归（Spurious Regression）等问题，因为经典回归模型是建立在平稳数据变量基础上的，但是如果在一个回归模型中涉及的时间序列是同步协整的，那么在协整序列之间建立回归模型则可以避免伪回归问题。本书中序列 LnTFP、LnRoad、LnIrrigation、LnPower 是非平稳的一阶单整序列，其单整阶数相同，因此它们可能存在某种平稳的线性组合。这个线性组合反映了变量之间长期稳定的比例关系，即协整（Cointegration）关系。Johansen 协整检验表明在 5% 的显著性水平下，LnTFP、LnRoad、LnIrrigation、LnPower 四个变量间有且仅有一个协整关系。

表 5-3　时间序列之间的 Johansen 协整检验

原假设	Eigenvalue	Trace Statistic
不存在协整关系	0.952	81.987 **
至多存在 1 个协整关系	0.427	15.035
至多存在 2 个协整关系	0.357	11.923
至多存在 3 个协整关系	0.045	1.243

注：** 表示在 5% 的水平上显著。

（三）长期均衡模型

根据 Johansen 协整检验的结论，LnTFP、LnRoad、LnIrrigation、LnPower 四个

一阶单整序列之间存在协整关系，在它们之间建立回归模型可以避免伪回归的问题。由格兰杰因果关系检验的结论——农业全要素生产率是由公路、灌溉、电力所决定，此外，为消除时间序列潜在的自相关问题，在模型中引入 AR（1）项，建立反映农村基础设施和农业全要素生产率的长期均衡模型，如下：

$$LnTFP_t = B_0 + B_1 LnRoad_t + B_2 LnIrrigation_t + B_3 LnPower_t + + B_4 AR（1）_t + u_t$$

$$(5 - 3)$$

模型估计结果如表5-4所示：

表5-4　长期均衡模型估计结果

Variable	Coefficient	Std. Error
C	-7.396**	2.652
LnRoad	0.291***	0.073
LnIrrigation	0.458*	0.243
LnPower	0.334***	0.059
AR（1）	0.854***	0.046
R - squared	0.996	
Log likelihood	73.805	
Durbin - Watson stat	1.852	
Prob（F - statistic）	0.000	

注：＊表示在10%的水平上显著，＊＊表示5%的水平上显著，＊＊＊表示在1%的水平上显著。

对模型（5-3）进行 Breusch - Godfrey 自相关拉格朗日乘数检验，一阶 LM（1）统计量的 p 值为 0.756，二阶 LM（2）统计量的 p 值为 0.597，均不拒绝原假设，意味着原模型没有自相关的问题。

如果时间序列 LnTFP、LnRoad、LnIrrigation、LnPower 存在协整关系，则模型（5-3）的残差应该是平稳序列。对模型（5-3）的残差进行 ADF 检验，ADF 检验中的 t 检验统计量值为 -4.394，对应的 P 值为 0.0096，在 1% 的水平上拒绝了原假设，说明模型（5-3）的残差是平稳序列，因此，LnTFP、LnRoad、LnIrrigation、LnPower 存在协整关系。协整关系对应的长期均衡方程如模型（1）所示。此模型的估计结果表明，长期而言，公路每增加 1%，农业全要素生产率平均增加 0.291%；灌溉每增加 1%，农业全要素生产率平均增加 0.458%；电力每增加1%，农业全要素生产率平均增加0.334%。长期而言，三类基础设施对农业全要素生产率的弹性效应顺序是：灌溉 > 电力 > 公路。

（四）短期动态模型

Engel 和 Granger（1987）提出了格兰杰表述定理（Granger Representation Theorem）：如果变量 x 和变量 y 是协整的，则它们存在长期均衡关系，它们的短期非均衡总能由一个误差修正模型表述，即：

$$\Delta y_t = \text{lagged}（\Delta y, \Delta x）- \lambda ECM_{t-1} + u_t \tag{5-4}$$

其中，ECM_{t-1}是协整关系中的残差项，该系数是短期调整系数，若显著，则能反映当短期波动偏离长期均衡时，系统将以多大的调整力度将非均衡状态拉回均衡状态。短期动态模型的估计步骤是：首先对模型中的变量进行协整分析，建立长期均衡模型，然后将长期均衡模型中的残差项看成一个新的解释变量，连同反映短期波动的其他解释变量的一阶差分项联合来解释因变量的短期波动，建立如式（5-4）的短期波动模型。根据格兰杰表述定理，为研究在短期农业全要素生产率是如何受公路、灌溉、电力影响的，建立具体反映短期动态关系的误差修正模型，如下：

$$\Delta LnTFP_t = B_0 + B_1\Delta LnRoad_t + B_2\Delta LnIrrigation_t + B_3\Delta LnPower_t + + B_4 ECM_{t-1} + \nu_t \tag{5-5}$$

ECM_{t-1}是长期均衡模型（5-3）中的残差项，$\Delta LnTFP_t$、$\Delta LnRoad_t$、$\Delta LnIrrigation_t$、$\Delta LnPower_t$是对序列$LnTFP_t$、$LnRoad_t$、$LnIrrigation_t$、$LnPower_t$取一阶差分的变换。

表5-5　短期动态模型的估计结果

Variable	Coefficient	Std. Error
C	0.0291 **	0.016
D（LnRoad）	0.191 ***	0.062
D（LnIrrigation）	0.127 ***	0.034
D（LnPower）	0.057 ***	0.028
ECM（-1）	-0.047 ***	0.002
R - squared	0.601	
Log likelihood	62.114	

续表

Variable	Coefficient	Std. Error
Durbin – Watson stat	0.781	
Prob（F – statistic）	0.000	

注：*表示在10%的水平上显著，**表示在5%的水平上显著，***表示在1%的水平上显著。

误差修正模型的结果表明，模型总体显著，所有自变量的系数也都在10%的水平上统计显著。$\Delta LnRoad_t$、$\Delta LnIrrigation_t$、$\Delta LnPower$ 的符号与长期均衡模型（5 – 3）中 $LnRoad_t$、$LnIrrigation_t$、$LnPower_t$ 的系数符号一致。误差修正项 ECM_{t-1} 的系数为负，符合反向修正机制。误差修正模型（5 – 5）反映了 $LnTFP_t$ 受 $LnRoad_t$、$LnIrrigation_t$、$LnPower_t$ 影响的短期波动规律。表5 – 5 短期动态模型的估计结果表明，公路、灌溉和电力对农业全要素生产率存在正向影响。短期内，公路每增加1%，农业全要素生产率增加0.191%；灌溉每增加1%，农业全要素生产率增加0.127%；电力每增加1%，农业全要素生产率增加0.057%。误差修正项 ECM_{t-1} 的系数在1%的水平上显著，表明每年实际的农业全要素生产率与长期均衡值的偏差中的4.7%被修正。短期而言，三类基础设施对农业全要素生产率的弹性大小顺序是：公路 > 灌溉 > 电力。

表5 – 6 总结了长期均衡模型和短期动态模型的研究结论，从中可以看出，公路建设的长期效应和短期效应差距较小，弹性系数的差距只有0.01，表明公路建设对农业全要素生产率的改善见效快，短期即能发挥较明显作用。灌溉设施对农业全要素生产率的长期效应的弹性系数是0.458，短期效应的弹性系数0.127，长期效应是短期效应的3.6倍。电力设施对农业全要素生产率的长期效应的弹性系数是0.344，短期效应的弹性系数0.057，长期效应是短期效应的6.0倍，表明灌溉和电力设施发挥明显效应需要较长的周期。

表5 – 6　农村基础设施对农业全要素生产率的影响效应

弹性系数			
长期效应	公路	灌溉	电力
	0.291	0.458	0.344
短期效应	公路	灌溉	电力
	0.191	0.127	0.057

基于全国层面的 1985～2015 年的数据，从长期而言，灌溉对农业全要素生产率的弹性最大，电力其次，公路最小，意味着灌溉对农业全要素生产率的提高从长远来看意义最重要。农田水利建设对于维持农田最佳生产条件至关重要，电力能推动农业现代化集约化生产，带来农业生产方式的革新，进而提高农业全要素生产率。而公路，从长远看对农业全要素生产率的增长效应相对最弱，这可以归结于公路作为农业生产中要素流动的必要条件，一旦路网已经形成，公路的边际效应递减；而从短期来看，公路对农业全要素生产率的增加效应最大，这也反映了公路建设见效快，公路的建成能加速农业生产资料、农产品的流动，农业技术的传播。灌溉在短期的效应低于公路，说明灌溉的效果显现相对于公路迟滞。农田水利工程对农田水土的保持、土壤水土条件的保持需要较长的时间才能完全发挥其功效。而电力在三类中的其短期效应最小，说明电力在短时间对农业全要素生产率的改善效果不及公路和灌溉明显。研究结论说明在制定农村基础设施政策时，长期和短期政策的重心应区别考虑，基础设施政策的长期投向应向灌溉和电力倾斜，而短期政策可向公路侧重。

三、基于省份面板数据的实证分析

（一）模型设定

本节将对农村基础设施对农业全要素生产率及其两个分解项技术进步和技术效率的影响进行实证研究。模型 1 描述的是农村基础设施对农业全要素生产率的影响，模型 2 和模型 3 分别描述的是农村基础设施对农业技术进步和技术效率的影响。模型 2 和模型 3 可以刻画农村基础设施对农业全要素生产率的影响是通过技术进步传导的还是通过技术效率传导，分析基础设施对农业全要素生产率的作用机制。模型中的解释变量除包括反映农村基础设施水平的研究变量外，还选取普遍认为对农业增长方式有显著作用的因素，如区域产业结构、农村劳动力就业结构、农业机械化程度、农村劳动力素质、自然气候条件作为控制变量（Monchuk，2010；Chen et al.，2008；李谷成，2009；Guillaumont et al.，2006）。中国正经历经济快速发展和转型期，因此在模型中还将引入时间趋势变量反映转型期的市场特征。模型1、模型2和模型3的形式如下：

$$LnTFP_{it} = \alpha_0 + \alpha_1 LnFra_{it} + \alpha_2 LnControl_{it} + \alpha_3 T + \mu_i + \varepsilon_{it} \qquad (5-6)$$

$$LnTP_{it} = \gamma_0 + \gamma_1 LnFra_{it} + \gamma_2 LnControl_{it} + \gamma_3 T + \upsilon_i + \zeta_{it} \qquad (5-7)$$

$$LnTE_{it} = \beta_0 + \beta_1 LnFra_{it} + \beta_2 LnControl_{it} + \beta_3 T + \eta_i + \vartheta_{it} \qquad (5-8)$$

Lnfra 是反映农村基础设施水平的向量，是模型中的研究变量；Control 是控制变量向量，T 是时间趋势；μ_i，η_i，υ_i 代表不可观测的省区效应；ε_{it}，δ_{it}，ξ_{it} 代表随机扰动项。

（二）解释变量选取与样本数据说明

1. 研究变量

为对我国农村基础的全要素生产率进行研究，本章选取了与农业生产有着密切关系的三类典型的农村基础设施进行研究，即农村公路、灌溉和农村电力。这三类研究变量的具体含义如下：

（1）农村公路（Road）：各省份农村公路密度用农村公路密度除以行政区域面积反映。对于农村地区道路发达程度，通常有两类反映指标：一是公路总里程；二是公路密度。我国各省份地域面积相差较大，公路密度相对于公路总里程是一个更好地衡量农村公路的指标。我国现行统计制度中关于公路里程的分类统计，一是按照公路的技术等级化分为高速公路、一级公路、二级公路、三级公路、四级公路和等外公路；二是根据行政等级划分为国道、省道、县道、乡道和村道。根据《农村公路建设管理办法》第二条第二款规定，农村公路包括县道、乡道和村道[①]。但是在我国统计调查体系中并没有系统按照行政等级统计的县乡公路数据，要直接利用县乡道路数据面临困难。由于县乡道路的等级质量较低，因此采用公路总里程扣除高速公路和一级公路，也就是将二级公路、三级公路、四级公路和等外公路的总和视为农村公路。

（2）灌溉（Irrigation）：灌溉用有效灌溉面积和耕地面积的比值作为有效灌溉率反映，Mendes 等（2009）采用了此方法。灌溉在《中国水资源年鉴》中公布的数据并不完整，故选用有效灌溉面积和耕地面积的比值作为灌溉的代理变

---

① 《农村公路建设管理办法》（交通部令 2006 年第 3 号）。

量，反映各地区灌溉形成的农业灌溉设施的差异。

（3）农村电力（Power）：用农村用电量与农业增加值的比值反映，这一比值可以反映农业生产过程中的电气化水平，Chen 等（2008）的研究采用了此方法。

2. 控制变量

为了能对农村公共基础设施对农业全要素生产率的影响效应进行客观评价，在模型中还选取了对农业全要素生产率有显著影响的因素作为控制变量。在对现有文献借鉴的基础上，选择以下六个变量为控制变量。

（1）农村劳动力行业结构（Agrlabor）：用各地区农林牧渔业从业人员占各地区乡村从业人员的比重来反映农业生产现代化、农村城镇化进程。一个地区农村劳动力中从事农业生产的劳动力比重越大，农村劳动力越冗余，说明该地区农业生产效率越低。

（2）产业结构（Industry）：用地区工业 GDP 占地区 GDP 比重来反映。我国幅员辽阔，地域之间的经济发展水平存在较大差异，用工业 GDP 占地区 GDP 的比重反映一个地区的产业结构和区域经济发展水平。

（3）农业机械化强度（Mechanical）：用农用机械总动力与农林牧渔业从业人数比重来衡量。农业机械化程度是农业生产现代化程度的重要标志，农业生产机械化程度越高，规模经济效应越明显。

（4）劳动力教育水平（Education）：用农村劳动力的平均受教育年限反映农村劳动力素质。在《中国农村统计年鉴》中公布了各地区农村居民家庭劳动力文化状况，将文化状况划分为不识字或识字很少、小学、初中、高中、中专、大专及大专以上六个层次，统计出各个层次劳动力的比重。参考 Fan（2002）的算法，结合我国教育制度实际，不识字或识字很少人群的受教育年限定义为 0，小学程度的人受教育年限为 6 年，初中程度代表的受教育年限为 9 年，高中程度代表的受教育年限为 12 年，中专程度的受教育年限为 13 年，大专及大专以上的受教育年限为 14 年，计算出各地区农村居民家庭劳动力的平均受教育年限作为农村教育的代理变量。

（5）受灾比率（Affected）：为了控制农业自然灾害对农业生产的影响，引入受灾面积占总播种面积的比率反映各地区农业生产的气候条件。

（6）时间趋势变量（Year）：将初始年份计为 1，随着年份的递推依次取

1、2、3……代表政策经济环境等的变化。

以上面板数据回归模型中的变量符号和含义如表5－7所示。

表5－7　面板数据回归模型中的变量符号和含义

变量符号	变量名称	变量含义
TFP	全要素生产率	农业全要素生产率累积指数，以1985为1
TP	技术进步	农业技术进步累积指数，以1985为1
TE	技术效率	农业技术效率累积指数，以1985为1
Road	公路	农村公路密度
Irrigation	灌溉	有效灌溉面积与耕地面积之比
Power	电力	农村用电量与农业增加值比值
Agrlabor	农业劳动力比重	农林牧渔业从业人员与乡村从业人员比重
Industry	工业产值比重	工业GDP与地区GDP比重
Mechanical	机械化强度	农用机械总动力与农林牧渔业从业人员比重
Edu	教育水平	农村劳动力平均受教育年限
Affected	受灾率	受灾面积与播种面积之比
Year	年份	时间趋势变量，1986年取1，以1递增

3. 样本数据

面板数据模型的研究期间是1986~2015年。前文研究中国农业全要素生产率的变化趋势的研究期间是1985~2015年，在研究的初始年份1985年全要素生产率指数、技术进步指数和技术效率指数在各个省区市皆为1，但1985年各个省区市的研究变量和控制变量的具体情况又存在明显差异，因此本章的面板数据回归分析中样本期间的选择为1986~2015年，而不包括1985年在估算农业全要素生产率指数时选择的基期年份。实证研究的样本范围同前文处理方法，共31个省份包括4个直辖市、5个自治区和22个省。实证研究的数据主要来自历年《中国农村统计年鉴》、《改革开放三十年统计资料汇编》、历年《中国农业年鉴》和历年《中国农村住户统计年鉴》。

（三）回归模型的估计方法选择

面板数据建立的模型通常有3种，即混合回归模型、固定效应回归模型和随机效应回归模型。

混合回归模型（Pooled Regression Model）与一般回归模型没有本质的区别，将面板数据看成是横截面数据的堆积。如果随机扰动项服从经典回归模型的基本假定，对此模型可采用 OLS 法进行估计，得出的估计量具有线性、无偏性、有效性和一致性的特点。混合回归模型的特点是模型在横截面上既无个体影响也无结构变化，无论对任何个体和截面，回归模型中自变量的系数以及截距项都相同。

但是，如果横截面上存在个体影响或结构变化，用混合回归模型就不合适了。如果外生变量与个体效应相关，则应采用固定效应；如果外生变量和个体效应不相关，则应采用随机效应。由于本章采用的是 31 个省份在 30 年间的面板数据为样本，样本数据包括了中国的所有省区市，样本面板数据的截面单元和总体的截面单元一致，也就是截面单元之间的差异是固定的，可以采用固定效应模型。因为根据 Wooldridge（2008）的建议，当横截面个体是从总体中抽样而来时，则可以认为横截面的差异是随机的，这时的随机效应模型也许更合适。因此，为了能够考虑不可观测的地区效应对被解释变量的不同影响，模型采用截面固定效应模型（Cross Sectional Fixed Effects）的形式。此外，通过 F 检验讨论是选择混合模型还是固定效应模型，利用 Hausman 检验讨论回归模型应该是固定效应还是随机效应。针对本章研究的三个模型，F 检验在 1% 的水平上拒绝了混合回归模型的原假设，Hausman 检验的结果也拒绝了随机效应的原假设，详细的检验过程列在表 5-8 中。

表 5-8 模型 1、模型 2 和模型 3 的回归模型形式的检验

原假设：混合回归模型；备择假设：固定效应模型		
	F 检验	Prob
模型 1	49.378	0.000
模型 2	78.654	0.000
模型 3	24.197	0.000
原假设：随机效应模型；备择假设：固定效应模型		
模型 1	0.000	
模型 2	0.000	
模型 3	0.000	

（四）面板数据的协整检验

由于本章的样本是跨越 30 年的面板数据，研究期间较长，数据序列可能表现出较明显的时间趋势性，因此需要在对模型进行估计之前先检验模型中变量序列的平稳性。在宏观经济研究中，非平稳的序列往往呈现相同的变化趋势，但是这些序列之间可能本身不一定存在直接的联系。若在这些非平稳的序列之间建立回归模型，回归模型表现出来的拟合优度可能会较高，但其表现的估计结果可能存在虚假回归的问题，并不能揭示研究变量之间真正的关系。为了避免潜在的伪回归，建立可靠的回归模型，需要对各面板序列进行平稳性和协整检验。如果回归模型中的非平稳序列之间存在协整关系，也就是在回归模型中涉及的时间序列"一起漂移"，或者说同步变化，则可以避免伪回归问题。因此在对面板序列进行平稳性检验的基础上，还需要进一步对模型中的变量之间的关系进行协整检验。

对面板数据的平稳性检验又称单位根检验，根据对各截面序列单位根过程假定的不同分为两类方法：一是假定面板数据中的各截面序列具有相同的单位根过程（Common Unit Root Process），主要有 Levin – Lin – Chu 检验（Levin et al.，2002）、Breitung 检验（Breitung，2002）、Hadri 检验（Hadri，2000）；二是假定面板数据中的各截面序列具有不同的单位根过程，主要有 Im – Pesaran – Skin 检验（Im et al.，2003）、Fisher – ADF 检验和 Fisher – PP 检验（Wooldridge，2008）。

表 5 – 9 是对模型 1、模型 2、模型 3 中水平变量的平稳性检验。

表 5 – 9　对模型 1、模型 2、模型 3 中水平变量的平稳性检验

原假设：序列有单位根，是非平稳序列

备择假设：序列无单位根，是平稳序列

序列	相同单位根假定	不同单位根假定		
	LLC 检验	Im – Pesaran – Shin 检验	Fisher ADF 检验	Fisher PP 检验
LnTFP	2.733	7.887	16.529	23.619
LnTP	1.863	7.336	17.098	13.541
LnTE	−2.406	1.071	44.389	36.668

原假设：序列有单位根，是非平稳序列

备择假设：序列无单位根，是平稳序列

序列	相同单位根假定	不同单位根假定		
	LLC 检验	Im – Pesaran – Shin 检验	Fisher ADF 检验	Fisher PP 检验
LnRoad	8.585	16.540	3.468	3.477
LnIrrigation	− 2.500	1.366	58.551	70.193
LnPower	− 1.490	− 1.374	46.779	64.992
LnAgrlabor	9.230	12.405	14.395	9.019
LnIndustry	0.119	− 1.960	78.827	58.355
LnMechanical	7.291	12.064	19.835	21.575
LnEDU	**− 21.107**	**− 13.929**	**307.446**	**457.710**
LnAffected	**− 18.717**	**− 17.758**	**385.717**	**418.273**

注：数值加重表明该检验统计量在 5% 的水平上显著，拒绝原假设。

利用 Levin – Lin – Chu 检验、Im – Pesaran – Skin 检验、Fisher – ADF 检验和 Fisher – PP 检验对模型中所有变量进行单位根检验，得出了比较一致的结论，LnTFP、LnTP、LnTE、LnRoad、LnIrrigation、LnPower、LnAgrlabor、LnIndustry 和 LnMechanical 都是非平稳序列，LnEdu 和 LnAffected 是平稳序列。再对进行差分变换后的序列进行平稳性检验，可以发现所有的序列都是平稳序列，也就意味着模型中的变量都是一阶单整的，符合面板协整分析的前提（见表 5 – 10）。

表 5 – 10　对模型 1、模型 2、模型 3 中的一阶差分变量的平稳性检验

原假设：序列有单位根，是非平稳序列；

备择假设：序列无单位根，是平稳序列

序列	相同单位根假定	不同单位根假定		
	LLC 检验	Im – Pesaran – Shin 检验	Fisher ADF 检验	Fisher PP 检验
D（LnTFP）	**− 16.669**	**− 16.16**	**351.691**	**581.432**
D（LnTP）	**− 16.420**	**− 16.333**	**346.979**	**396.686**
D（LnTE）	**− 19.090**	**− 18.696**	**396.214**	**456.221**
D（LnRoad）	**− 11.719**	**− 7.629**	**280.106**	**388.160**
D（LnIrrigation）	**− 20.229**	**− 18.804**	**407.752**	**433.849**
D（LnPower）	**− 26.660**	**− 24.828**	**534.349**	**1730.668**

原假设：序列有单位根，是非平稳序列；

备择假设：序列无单位根，是平稳序列

序列	相同单位根假定	不同单位根假定		
	LLC 检验	Im – Pesaran – Shin 检验	Fisher ADF 检验	Fisher PP 检验
D（LnAgrlabor）	**− 4. 762**	**− 7. 645**	**163. 473**	**161. 046**
D（LnIndustry）	0. 691	**− 8. 135**	**189. 937**	**183. 460**
D（LnMechanical）	**− 8. 981**	**− 11. 589**	**253. 382**	**451. 241**
D（LnEDU）	**− 14. 450**	**− 12. 427**	**259. 621**	**268. 175**
D（LnAffected）	**− 23. 219**	**− 27. 352**	**610. 594**	**3530. 227**

注：数值加重表明该检验统计量在 5% 的水平上显著，拒绝原假设。

面板协整检验方法可以分为两大类：一是建立在 Engle 和 Grange 两步法检验基础上的面板协整检验，主要有 Pedroni 检验和 Kao 检验（Pedroni，1999；Kao，1999）；二是建立在 Johansen 协整检验基础上的 Fisher Combined Johansen 面板协整检验，该方法是通过联合单个截面个体 Johansen 协整检验的结果获得对应于面板数据的检验统计量（Johansen，1988）。利用 Kao 检验和 Fisher Combined Johansen 检验对三个模型中的所有变量进行协整检验（见表 5 – 11），针对三个模型 Kao 检验都拒绝了不存在协整关系的原假设，从 Fisher Combined Johansen 检验中可以发现在模型 1 和模型 2 中存在 4 个协整关系，模型 3 中存在 3 个协整关系。因此，可以认为在我国农村基础设施以及相关的控制变量和农业全要素生产率、技术进步、技术效率之间存在显著的协整关系。

表 5 – 11 模型 1、模型 2、模型 3 中协整关系检验

模型 1 的协整检验

Kao Residual Cointegration Test

原假设	检验统计量	检验统计量值
不存在协整	ADF 统计量	**− 2. 201**

Johansen Fisher Panel Cointegration Test

原假设	检验统计量	检验统计量值
0 个协整向量	Fishe 最大特征根统计量	**672. 799**
至少 1 个协整向量	Fishe 最大特征根统计量	**312. 295**
至少两个协整向量	Fishe 最大特征根统计量	**143. 895**

续表

模型 1 的协整检验

Johansen Fisher Panel Cointegration Test

至少三个协整向量	Fishe 最大特征根统计量	**87. 005**
至少四个协整向量	Fishe 最大特征根统计量	45. 354

模型 2 的协整检验

Kao Residual Cointegration Test

原假设	检验统计量	检验统计量值
不存在协整	ADF 统计量	− 7. 218

Johansen Fisher Panel Cointegration Test

原假设	检验统计量	检验统计量值
0 个协整向量	Fisher 最大特征根统计量	**648. 1**
至少 1 个协整向量	Fishe 最大特征根统计量	**297. 298**
至少两个协整向量	Fishe 最大特征根统计量	**158. 892**
至少三个协整向量	Fishe 最大特征根统计量	78. 667
至少四个协整向量	Fishe 最大特征根统计量	43. 263

模型 3 的协整检验

Kao Residual Cointegration Test

原假设	检验统计量	检验统计量值
不存在协整	ADF 统计量	**− 3. 113**

Johansen Fisher Panel Cointegration Test

原假设	检验统计量	检验统计量值
0 个协整向量	Fishe 最大特征根统计量	**615. 896**
至少 1 个协整向量	Fishe 最大特征根统计量	**248. 694**
至少两个协整向量	Fishe 最大特征根统计量	**139. 607**
至少三个协整向量	Fishe 最大特征根统计量	65. 875

注：数值加重表明该检验统计量在 5% 的水平上显著，拒绝原假设。

（五）模型估计结果

根据前文讨论，模型 1、模型 2 和模型 3 适宜采用固定效应模型，为了度量不可观测的省级特征，在模型中引入反映省区市效应的虚拟变量纳入模型，即模型 1、模型 2 和模型 3 中的 μ_i，η_i，ν_i，形成固定效应变截距模型。由于样本是面板数据，往往存在潜在的异方差和自相关的问题，采用 FGLS（Feasible Generalized Least Squares）估计方法可克服自相关对估计的影响，采用面板数据修正标准误（Panel Corrected Standard Errors，PCSE）可克服潜在的异方差问题。模型 1、模型 2、模型 3 回归分析结果报告在表 5 – 12 中，截距项代表的是各截面单元公共的截距，而代表各省区市差异的差别截距系数由于篇幅的限制，在此没有报告其估计值。

表 5 – 12　模型 1、模型 2、模型 3 的估计结果

模型 1：因变量 LnTFP

自变量	系数	标准误
C	1. 344 ***	0. 151
LnRoad	0. 047 ***	0. 009
LnIrrigation	0. 177 ***	0. 025
LnPower	0. 041 ***	0. 011
LnAgrlabor	− 0. 633 ***	0. 075
LnIndustry	0. 168 ***	0. 048
LnMechanical	0. 107 ***	0. 027
LnEDU	1. 217 ***	0. 081
LnAffected	− 0. 022 **	0. 007
Year	0. 051 ***	0. 012
Adjusted R – squared	0. 876	
Prob（F – statistic）	0. 000	

模型 2：因变量 LnTP

自变量	系数	标准误
C	1. 261 ***	0. 274
LnRoad	0. 073 ***	0. 018
LnIrrigation	− 0. 045	0. 021
LnPower	0. 025 ***	0. 02
LnAgrlabor	− 0. 241 ***	0. 068
LnIndustry	0. 024	0. 056
LnMechanical	0. 146 ***	0. 034
LnEDU	0. 972 ***	0. 14

模型2：因变量 LnTP

自变量	系数	标准误
LnAffected	− 0.021 **	0.019
Year	0.076 ***	0.006
Adjusted R − squared	0.952	
Prob（F − statistic）	0.000 ***	

模型3：因变量 LnTE

自变量	系数	标准误
C	0.200	0.229
LnRoad	0.038	0.020
LnIrrigation	0.124 ***	0.031
LnPower	0.028 **	0.024
LnAgrlabor	− 0.368 ***	0.073
LnIndustry	0.177 ***	0.058
LnMechanical	0.066 ***	0.014
LnEDU	0.258 **	0.112
LnAffected	− 0.001	0.001
Year	− 0.016 **	0.008
Adjusted R − squared	0.809	
Prob（F − statistic）	0.000	

注：＊表示在10%的水平上显著，＊＊表示在5%的水平上显著，＊＊＊表示在1%的水平上显著。

　　在以全要素生产率为因变量的模型1中，公路、灌溉、电力变量对全要素生产率有显著的积极影响，系数的估计值分别为 0.047、0.177 和 0.041，且都在1%的水平上高度显著。在以技术进步指数为因变量的模型2中，公路和电力对技术进步的贡献是显著的，公路变量的系数估计值为 0.073，在1%的水平上高度显著；电力变量的系数估计值为 0.025，在5%的水平上显著；而灌溉变量的系数对技术进步的变化影响不显著。在以技术效率指数为因变量的模型3中，灌溉和电力对技术效率的改进有显著影响，灌溉变量的系数估计值为 0.124，在1%的水平上显著，电力变量的系数估计值为 0.028，且在5%的水平上显著，而公路变量的系数并未通过显著性检验。综合三个模型的估计结果可以发现，从全国来看，三类典型的农村基础设施对农业全要素生产率的提升有积极作用，公路主要是通过作用于技术进步进而传导到全要素生产率的变化，电力对技术进步和技术效率都有显著推动作用，而灌溉则是通过技术效率的变化最终反馈到农业全要素生产率的变化上的。这意味着公路、灌溉、电力这三类基础设施对农业增长方式的作用路径是不同的，其传导机制如图 5 - 1 所示。

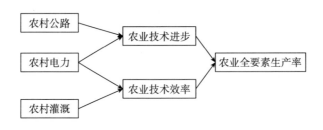

图 5 - 1　农村公路、灌溉、电力对农业全要素生产率的传导路径

农村公路的增加使得农村道路的通畅对于农业生产技术升级有明显作用；电力对农业从传统手工农业向机械化，现代化生产方式的转型有积极作用，进而反映到对农业技术进步的显著作用上。灌溉对农业生产条件的改善有利于农业生产新技术的有效利用，则突出地表现在对农业生产技术效率的改善上，加速了前沿农业技术的扩散，提高了农业产业化和市场化程度，促进了整体技术效率的改进。

接下来考察模型中的控制变量。在全要素生产率模型中，所有的控制变量的系数都在 1% 的水平上高度显著，表明它们都是解释全要素生产率变化的关键因素。农村劳动力结构（LnAgrlabor）的系数为 - 0.633，表明农村劳动力中从事农业生产的劳动力比重越高的地区，全要素生产率越低。产业结构（LnIndustry）的系数估计值为 0.168，表明地区工业 GDP 占总 GDP 比重越高的地区，全要素生产率越高。农业机械化强度（LnMechanical）的系数估计值为 0.107，表明农业生产机械化程度的提高有利于全要素生产率的增加。农村劳动力平均受教育程度（LnEdu）的系数估计值为 1.217，表明受教育程度越高的地区，全要素生产率越高。受灾率（LnAffected）的系数估计值为 - 0.022，表明自然气候条件也是影响全要素生产率的重要因素，农业生产受到气候的影响，受灾越严重，全要素生产率越低。时间趋势变量 Year 的系数估计值为 0.051，表明在研究期间全要素生产率呈逐年增加的趋势。

在技术进步模型中，控制变量展现出和在全要素生产率模型中一致的符号，系数的估计值和显著性程度有所变化。农村劳动力行业结构（LnAgrlabor）、农业机械化强度（LnMechanical）、农村劳动力受教育程度（LnEdu）、时间趋势变量（Year）的系数估计值在1%的水平上高度显著，受灾率（LnAffected）的系数在5%的水平上显著，产业结构（LnIndustry）的系数不显著。估计结果表明，农业机械化强度和农村劳动力受教育程度对技术进步都体现出积极的推动作用，表明机械化强度越高，农村劳动力平均受教育程度越高，农业技术进步越明显；而农村劳动力中从事农业生产的劳动力比重越大，技术进步指数越小。此外，反映自然气候条件的受灾比率也是影响技术进步的因素之一，自然气候条件越恶劣受灾比率越高，农业技术进步指数越低。产业结构对技术进步的影响不明显。在研究期间，技术进步指数呈现逐年增加的趋势，增加的速度比全要素生产率更快。

在技术效率模型的控制变量中，农村劳动力结构（LnAgrlabor）的系数估计值为 -0.368，在1%的水平上显著，表明从事农业生产的劳动力比重越高的地区，农业技术效率越低。产业结构（LnIndustry）的系数估计值为0.177，在1%的水平上显著，表明工业经济比重越高的地区，农业技术效率越高。农业机械化强度和受教育程度变量的系数都为正且显著，表明它们对技术效率的改进都有显著的推动作用。受灾率的系数估计值不显著，表明其对技术效率的变化没有显著影响。时间趋势的系数估计值为 -0.016，在1%的水平上显著，表明在研究期间技术效率呈现逐年下降的趋势。

四、本章小结

本章利用基于全国层面的1985～2015年的数据，从长期而言，灌溉对农业全要素生产率的弹性最大，电力其次，公路最小，意味着灌溉对农业全要素的提高从长远来看意义最重要，农田水利建设对于维持农田最佳生产条件至关重要，电力能推动农业现代化集约化生产，带来农业生产方式的革新，进而提高农业全要素生产率。从短期来看，公路对农业全要素生产率的增加效应最大，灌溉其次，电力最小，说明电力在短时间对农业全要素生产率的改善效果不及公路和灌溉明显。研究结论说明，在制定农村基础设施政策时，长期和短期政策的重心应区别考虑，基础设施政策的长期投向应向灌溉和电力倾斜，而短期政策则应向公路侧重。长期均衡模型和短期波动模型的实证研究结果支持了本章结论：农村基础设施对农业全要素生产率的变化有显著影响。

此外，本章通过建立面板数据固定效应变截距模型分析了公路、灌溉、电力对农业全要素生产率的影响效应及作用渠道。实证研究的结论表明，公路、灌溉、电力对农业全要素生产率有积极的推动作用，公路主要是通过作用于技术进步对农业全要素生产率发生影响，灌溉主要是通过作用于技术效率对农业全要素生产率发生影响，而电力则对技术进步和技术效率都有明显的推动作用。这意味着我国农村公路、灌溉和电力三类典型基础设施对农业全要素生产率的提升是有显著效果的，但其作用渠道传导路径又有所不同，公路对技术进步的作用明显，加速了农业生产要素的流动，通畅的公路设施能加强农村和城市的联系，有利于农业科研成果的转换和应用。灌溉则有利于对农业技术的挖掘和有效利用，农业生产受到自然气候条件的影响，灌溉设施是农业生产不可或缺的资源，灌溉对农业生产技术效率的提升有明显改善作用，并进而反映到对农业全要素生产率的作用上。电力则通过农业技术进步和技术效率两个渠道的共同作用反馈到全要素生产率的增加上，电力设施越发达，农业现代化机械化程度越普及，有利于农业技术的推广和扩散。长期均衡模型、短期波动模型和面板数据模型的实证研究结果都支持了本章结论：农村基础设施对农业全要素生产率的变化有显著影响。

第六章　农村基础设施对全要素
生产率的影响效应区域差异分析

　　第五章的研究发现，农村基础设施对农业全要素生产率有着显著的增长效应，但这种效应受到哪些客观因素的影响？农村基础设施的全要素生产率效应是否存在区域差异？对上述问题进行研究，对更加全面深入地理解农村基础设施的效应有着重要的意义。

　　由于农村公共政策的实施一般依赖于行政区划，分区细化如果突破了行政区划，会增加政策实施和协调的成本，同时也会给研究过程资料的收集带来很多的困难。鉴于本书研究的目标是揭示不同区域农村基础设施对农业增长效应的差异，在宏观层面探讨农村公共政策的倾向，选择的基本分区单位应是省级行政区，这样的选择能够便利的使用现有相对完整的各种统计资料。因此本章先对31个省级行政区划单位进行区域划分，再比较农村基础设施的全要素生产率效应在区域层面的差异，以期为宏观基础设施政策提供决策支持，增强农村基础设施的合理科学布局。

一、 区 域 划 分

（一）按农业生产条件划分

　　农业生产具有明显的地域性，在很大程度上受到自然资源和气候条件的约束。自然气候条件不同、农业经营方式不同的地区对农村基础设施有着不同的需求，相同的农村基础设施投向生产条件不同的区域产生的效益将存在明显差别。

本书根据农业生产条件，自然资源条件的空间差异，将我国划分为北方地区、西北地区、长江中下游流域地区和南方地区四大区域，各个区域的农业生产及资源特点和范围划分列示在表6-1中。

表6-1　按农业生产条件划分的四类区域

区域	特点	范围
北方地区（9地）	地块面积大，水源丰富，土壤有机质含量高，地块面积大，适宜大型农业机械	黑龙江　辽宁　吉林　北京　天津　河北　河南　山东　山西
西北地区（7地）	地势高、缺水、土壤质量恶化，严寒、干旱、冬季长	内蒙古　新疆　西藏　青海　陕西　甘肃　宁夏
长江中下游流域地区（7地）	人均耕地面积较小、降水丰富，复种指数高、人多地少、水热资源丰富，气候温和、降水充足、土地肥沃，农户精耕细作，单产水平高	安徽　江西　湖南　湖北　上海　江苏　浙江
南方地区（8地）	山区丘陵多、光照条件较差、农业生产地域类型复杂多样、降水丰富，生长期短	四川　重庆　贵州　云南　福建　广东　海南　广西

（二）按农业经济发达程度划分

关于农村基础设施在不同发展程度地区的效应差异，学术界有两种不同的观点，一是认为在发达地区基础设施的收益更高。在发达地区的基础设施能够以更低的成本带来更多的农业产出，使农业生产保持更快的增长速度，带来更多的就业机会，使欠发达地区的劳动力流动到发达地区，越来越少的人愿意继续居住在欠发达地区，降低了对欠发达地区生态环境的破坏。Pinstrup - Andersen 和 Hazell（1985）、Hazell 和 Ramasamy（1991）等的研究都证明了这一观点。二是认为欠发达地区基础设施对农业增长以及农村地区的发展产生更大的边际效应。发达地区的基础设施对农业生产的增长效应会逐步停滞，将带来环境恶化（Pingali & Rosegrant，1995；Pingali et al.，1998），在欠发达地区进行恰当的基础设施能带来更高的边际收益（Scherr & Hazell，1994；Boarnet & Haughwout，2000）。本章将对不同农业经济发达程度的地区进行区域比较研究，考察农村基础设施的全要素生产率效应在农业经济发达程度不同的区域是否存在明显差异。

农业经济发展水平用农业总产值和农业劳动力的比值来衡量，反映了每个农业劳动力对农业总产值的贡献。由于本章研究的期限跨越为1986～2015年，首先将不同年份的农业总产值转换成 2000 年不变价计算的农业总产值，再计算各个省份的序时平均农业总产值，作为各省份农业经济发展水平的代表水平，将 31 个省份序时平均农业总产值按照大小顺序进行排序，依据农业经济发达程度划分成了四个区域（见表 6-2）。这四类区域在研究期间农业劳动力人均总产值的序时均数分别是 1.987 万元、1.258 万元、0.698 万元和 0.539 万元，表明我国不同地区农业劳动力人均总产值的地区差距显著，前 25% 的地区农业劳动力人均产值是后 25% 地区的 3.686 倍。

表6-2　按农业经济发达程度划分的四类区域

类别	地区						
最发达	上海	北京	天津	新疆	海南	辽宁	江苏
次发达	黑龙江	吉林	福建	广东	浙江	湖北	内蒙古	山东
次不发达	河北	江西	安徽	广西	宁夏	河南	山西	重庆
最不发达	四川	甘肃	陕西	西藏	青海	云南	湖南	贵州

（三）按乡镇住户规模划分

农村基础设施提供的是农业生产中不可或缺的公共品和准公共品。公共品具有非排他性和非竞争性的特点，一项基础设施一旦建成，受用对象越多其规模效应越易发挥。农村基础设施利用程度与农户聚居程度有紧密的联系。在中国，农村公路、农田水利设施和小型水电站的建设都由乡镇一级政府承担，乡镇政府对于辖区内的基础设施有着主要的决策权。所以，本章从基础设施规模效应和乡镇农村基础设施的决策机制出发，根据乡镇住户规模对全国 31 个省区市进行区域划分，考察在乡镇住户规模不同的区域，农村基础设施的全要素生产率效应是否存在显著差异。

自改革开放以来，全国乡镇建制历经几次调整，全国乡镇数量在 1978 年是 52781 个，1984～1987 年达到顶峰，约 72000 个，进入 20 世纪 90 年代以后，随着行政体制的精简，全国乡镇数量大致以逐年减少 1000 个的速度下降，直至 2005 年，全国乡镇数量规模大致稳定在 34000 个，2018 年进一步减少为 31550 个（见图 6-1）。

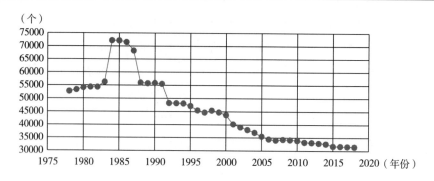

图 6 - 1　1978 ~ 2018 年全国乡镇数量

中国乡村户数整体上仍呈现逐年增加的趋势，随着我国乡镇行政体制的精简，平均每个乡镇的农村住户的规模呈现集中化的趋势。1978 年，全国平均每个乡镇有 3287 户，1984 年由于乡镇建制的大幅增加，此时期全国平均每个乡镇住户数下降至最低值 2604 户，随后全国平均每个乡镇住户平均规模逐年增加，直至达到 2012 年的平均每个乡镇 8082 户[①]（见图 6 - 2）。

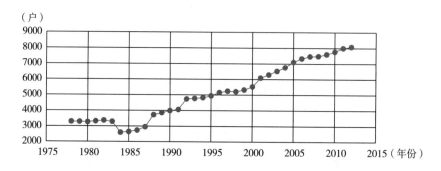

图 6 - 2　1978 ~ 2012 年全国平均每个乡镇的乡村户数

为了研究农村基础设施的效应与乡镇规模的关系，依据各地区乡镇住户数将全国分为四类地区。具体划分方法是：计算 2012 年各地区乡镇户数平均规模，即用农村户数除以乡镇个数，作为该地区乡镇规模的反映；再将 31 个省份的乡镇户数规模按大小顺序排列，划分成四等份，这样就将 31 个省份依据乡镇户数规模划分成了 4 个类别，划分结果如表 6 - 3 所示。2012 年，我国各省份乡镇住户平均数量规模较大的是山东、江苏和广东，分别达到 17922 户、15501 户、

---

① 由于统计口径的调整，从 2013 年国家统计局不再公布乡村户数数据。

15064 户，乡镇住户平均数量规模较少的是新疆、青海和西藏，分别为 3131 户、2507 户、767 户，可见我国不同地区乡镇住户规模相差悬殊。

表 6-3　按乡镇住户规模划分的四大区域

类别	地区							
最大规模	山东	江苏	广东	浙江	北京	安徽	湖北	
次大规模	河南	上海	天津	广西	重庆	辽宁	河北	福建
次小规模	云南	湖南	吉林	山西	海南	江西	贵州	陕西
最小规模	黑龙江	宁夏	内蒙古	四川	甘肃	新疆	青海	西藏

二、实证分析

（一）计量模型

为了对不同类型地区的基础设施对农业全要素生产率的影响效应进行比较，本节对第五章中的模型 1 进行了扩展，在该模型中引入农村基础设施和反映区域属性虚拟变量的交互项形成模型 4，基本形式如下：

$$\begin{aligned}
\mathrm{LnTFP}_{it} = & \alpha_0 + \alpha_1 \mathrm{LnRoad}_{it} + \alpha_2 G2 \times \mathrm{LnRoad}_{it} + \alpha_3 G3 \times \mathrm{LnRoad}_{it} + \\
& \alpha_4 G4 \times \mathrm{LnRoad}_{it} + \alpha_5 \mathrm{LnIrrigation}_{it} + \alpha_6 G2 \times \mathrm{LnIrrigation}_{it} + \\
& \alpha_7 G3 \times \mathrm{LnIrrigation}_{it} + \alpha_8 G4 \times \mathrm{LnIrrigation}_{it} + \alpha_9 \mathrm{LnPower}_{it} + \\
& \alpha_{10} G2 \times \mathrm{LnPower}_{it} + \alpha_{11} G3 \times \mathrm{LnPower}_{it} + \alpha_{12} G4 \times \mathrm{LnPower}_{it} + \\
& \beta \mathrm{LnGontrol}_{it} + \gamma T + \mu_i + \varepsilon_{it}
\end{aligned} \qquad (6-1)$$

其中，G2、G3、G4 是虚拟变量，G2 = 1 表示属于第二类地区，G2 = 0 表示不属于第二类地区；G3 = 1 表示属于第三类地区，G3 = 0 表示不属于第三类地区；G4 = 1 表示属于第四类地区，G4 = 0 表示不属于第四类地区。在该模型中，第一类地区是基准类。

模型中其他的变量同模型 1，μ_i 代表不可观测的省份效应；ε_{it} 代表随机扰动

·119·

项。采用固定效应模型是因为从估计技术上讲，固定效应估计始终能得到一致估计，但随机效应则不然；从理论上讲，固定效应的假设更符合经济现实，有利于缓解因遗漏变量偏误导致的内生性问题。

四类地区农业全要素生产率对公路、灌溉和电力的弹性分别为：

第一类地区：

$$\frac{\partial \mathrm{LnTFP_{it}}}{\partial \mathrm{LnRoad_{it}}} = \alpha_1 ; \quad \frac{\partial \mathrm{LnTFP_{it}}}{\partial \mathrm{Irrigation_{it}}} = \alpha_5 ; \quad \frac{\partial \mathrm{LnTFP_{it}}}{\partial \mathrm{LnPower_{it}}} = \alpha_9 \qquad (6-2)$$

第二类地区：

$$\frac{\partial \mathrm{LnTFP_{it}}}{\partial \mathrm{LnRoad_{it}}} = \alpha_1 + \alpha_2 ; \quad \frac{\partial \mathrm{LnTFP_{it}}}{\partial \mathrm{Irrigation_{it}}} = \alpha_5 + \alpha_6 ; \quad \frac{\partial \mathrm{LnTFP_{it}}}{\partial \mathrm{power_{it}}} = \alpha_9 + \alpha_{10} \qquad (6-3)$$

第三类地区：

$$\frac{\partial \mathrm{LnTFP_{it}}}{\partial \mathrm{LnRoad_{it}}} = \alpha_1 + \alpha_3 ; \quad \frac{\partial \mathrm{LnTFP_{it}}}{\partial \mathrm{Irrigation_{it}}} = \alpha_5 + \alpha_7 ; \quad \frac{\partial \mathrm{LnTFP_{it}}}{\partial \mathrm{power_{it}}} = \alpha_9 + \alpha_{11} \qquad (6-4)$$

第四类地区：

$$\frac{\partial \mathrm{LnTFP_{it}}}{\partial \mathrm{LnRoad_{it}}} = \alpha_1 + \alpha_4 ; \quad \frac{\partial \mathrm{LnTFP_{it}}}{\partial \mathrm{Irrigation_{it}}} = \alpha_5 + \alpha_8 ; \quad \frac{\partial \mathrm{LnTFP_{it}}}{\partial \mathrm{power_{it}}} = \alpha_9 + \alpha_{12} \qquad (6-5)$$

由于样本是面板数据，往往存在潜在的异方差和自相关的问题，采用 FGLS（Feasible Generalized Least Squares）估计方法克服自相关对估计的影响，并用面板数据修正标准误（Panel Corrected Standard Errors，PCSE）克服潜在的异方差问题。三种区域划分方式下，回归模型估计结果分别报告在表 6 - 4、表 6 - 5 和表 6 - 6 中。表中的截距项代表的是各截面单元公共的截距，而代表各省区市差异的差别截距系数由于篇幅的限制，没有详细报告估计值。

（二）回归模型估计结果

1. 按农业生产条件划分区域的估计结果

表 6 - 4 报告了引入按农业生产条件划分四大区域的虚拟变量的回归模型的估计结果。地区虚拟变量 G2、G3、G4 等于 1 分别代表的是南方地区、长江中下游流域地区和西北地区，模型中的基准类是北方地区。根据虚拟变量和基础设施的交互项系数的估计值和显著性可以讨论南方地区、长江中下游流域地区和西北地区与基准类北方地区之间基础设施对农业全要素生产率影响效应的差异。

表6-4　模型4估计结果（按农业生产条件划分区域）

Variable	Coefficient	Std. Error
C	-83.166***	5.474
LnRoad	0.055**	0.020
LnRoad × G2（南方）	-0.023***	0.005
LnRoad × G3（长江中下游）	-0.016***	-0.005
LnRoad × G4（西北）	0.089**	0.027
LnIrrigation	0.220***	0.056
LnIrrigation × G2（南方）	0.260	0.153
LnIrrigation × G3（长江中下游）	-0.035	0.11
LnIrrigation × G4（西北）	-0.143***	0.046
LnPower	0.017**	0.008
LnPower × G2（南方）	0.148***	0.041
LnPower × G3（长江中下游）	0.251***	0.042
LnPower × G4（西北）	0.008	0.042
LnAgrlabor	-0.454***	0.07
LnIndustry	0.166***	0.041
LnMechanical	0.101***	0.025
LnEdu	1.084***	0.087
LnAffected	-0.032**	0.016
Year	0.035***	0.010
Adjusted R - squared	0.893	
模型整体显著性检验 Prob（F - statistic）	0.000	
截面效应检验 Prob（F - statistic）	0.000	

注：*表示在10%的水平上显著，**表示在5%的水平上显著，***表示在1%的水平上显著。

从表6-4可以看出引入了反映农业生产区域虚拟变量的模型整体的估计效果较好，校正的判定系数达到0.853，模型整体的显著性F检验的统计量在1%的水平上高度显著。此外，对截面效应进行的F检验也在1%的水平上拒绝了不存在截面效应的原假设，表明模型的设定形式是合理的。

公路变量以及公路变量和三个虚拟变量的交互项的系数估计值都显著，表明公路对农业全要素生产率的影响显著，并且这种影响在四个农业区域之间存在明显差异。在北方地区公路的系数估计值为0.055，在南方地区农业全要素生产率对

公路的弹性为 0.055 + （ - 0.023） = 0.032，在长江流域地区该弹性为 0.055 +
（ - 0.016） = 0.039，在西北地区该弹性为 0.055 + 0.089 = 0.144。即公路效应由
大到小的顺序是：西北地区 > 北方地区 > 长江中下游流域地区 > 南方地区。

灌溉变量在模型中的系数高度显著，但是灌溉和三个地区虚拟变量交互项只
有 LnIrrigation × G4（西北）在 1% 的水平上显著，而 LnIrrigation × G2（南方）和
LnIrrigation × G3（长江中下游）并未通过显著性检验。估计结果表明，北方地区
农业全要素生产率对灌溉的弹性为 0.220，灌溉在南方地区和长江中下游流域对
农业全要素生产率的改进效应与北方地区没有明显差别。在西北地区，农业全要
素生产率对灌溉的弹性为 0.220 + （ - 0.143） = 0.077。灌溉效应在四个农业区
域的大小顺序是：北方地区、南方地区、长江中下游流域地区 > 西北地区。

电力变量，以及电力和南方地区及长江中下游流域地区虚拟变量的交互项估计
系数都在 1% 的水平上高度显著。估计结果表明，北方地区农业全要素生产率对电
力的弹性为 0.017，南方地区农业全要素生产率对电力的弹性为 0.017 + 0.148 =
0.165，长江中下游地区农业全要素生产率对电力的弹性为 0.017 + 0.251 = 0.268。
电力在西北地区对农业全要素生产率的改进效应与北方地区没有明显差别。电力效
应在四个农业区域的大小顺序是：长江中下游地区 > 南方地区 > 北方地区、西北地
区。模型中其余控制变量的估计结果和预期基本一致，在此不作详细讨论。

通过对全国不同农业区域的比较分析发现，基础设施在四大农业区域对农业
全要素生产率的作用效应有明显差异，主要结论总结在表 6 - 5 中。

表 6 - 5　农村基础设施对农业全要素生产率影响的区域差距（按农业生产条件划分区域）

基础设施	农业全要素生产率对农村基础设施的弹性			
公路	西北地区	北方地区	长江中下游流域地区	南方地区
	0.144	0.055	0.039	0.0032
灌溉	北方地区	长江中下游流域地区	南方地区	西北地区
	0.220	0.220	0.220	0.077
电力	长江中下游流域地区	南方地区	北方地区	西北地区
	0.268	0.165	0.017	0.017

从表 6 - 5 中可以发现，公路在西北地区的效应最大，农业全要素生产率对

农村公路的弹性系数为 0.144，弹性系数位居第二位的是北方地区弹性系数（0.055），明显地高于长江中下游流域地区和南方地区。灌溉在西北地区的效应相对最弱，表明灌溉并未能有效地缓解西北地区的干旱问题，西北地区的灌溉设施对农业全要素生产率的促进作用非常有限。电力对农业全要素生产率影响在长江中下游地区的影响效应最大，电力对农业全要素生产率的弹性是 0.268，其次是南方地区和北方地区，而该弹性在西北地区只有 0.017，差距悬殊。

2. 按农业经济发达程度划分区域的估计结果

表 6 – 6 报告了引入按农业经济发达程度划分的四大区域的虚拟变量的回归模型的估计结果。地区虚拟变量 G2、G3、G4 等于 1 分别代表的是次发达地区、次不发达地区、最不发达地区，模型中的基准类是最发达地区。根据虚拟变量和基础设施的交互项系数的估计值和显著性可以讨论次发达地区，次不发达地区和最不发达地区与最发达地区之间基础设施对农业全要素生产率影响效应的差异。

表 6 – 6　模型 4 估计结果（按农业经济发达程度划分区域）

Variable	Coefficient	Std. Error
C	– 75.268 ***	4.893
LnRoad	0.066 **	0.028
LnRoad × G2	0.039	0.045
LnRoad × G3	– 0.018 **	0.007
LnRoad × G4	– 0.031 ***	0.008
LnIrrigation	0.361 ***	0.087
LnIrrigation × G2	– 0.216 ***	0.075
LnIrrigation × G3	– 0.239 **	0.107
LnIrrigation × G4	– 0.351 **	0.156
LnPower	0.189 ***	0.065
LnPower × G2	0.089	0.073
LnPower × G3	– 0.121 **	0.061
LnPower × G4	– 0.188 **	0.072
LnAgrlabor	– 0.382 ***	0.053
LnIndustry	0.160 ***	0.036
LnMechanical	0.060 ***	0.024
LnEdu	1.055 ***	0.078

Variable	Coefficient	Std. Error
LnAffected	− 0. 034 ***	0. 014
Year	0. 031 ***	0. 01
Adjusted R − squared	0. 913	
整体显著性检验 Prob （F − statistic）	0. 000	
截面效应检验 Prob （F − statistic）	0. 000	

注：＊表示在 10% 的水平上显著，＊＊表示在 5% 的水平上显著，＊＊＊表示在 1% 的水平上显著。

从表 6 - 6 可以看出，模型整体的估计效果较好，校正的判定系数达到 0. 913，模型整体的显著性检验的 F 统计量在 1% 的水平上高度显著。此外，对截面效应进行的 F 检验也在 1% 的水平上拒绝了不存在截面效应的原假设，表明模型的设定形式是合理的。该模型中的虚拟变量反映的是根据劳均农业总产值划分的四类地区，这四类地区代表了农业经济的不同发展程度，其中第一类地区整体劳均农业总产值在四个类别中最高，其次是第二类地区，再次是第三类地区，农业经济相对落后的省份被划分为第四类地区。

从表 6 - 6 可以看出，公路变量以及公路变量和 G3、G4 两个虚拟变量的交互项系数估计值都在 1% 的水平上显著，表明公路对农业全要素生产率的影响显著，并且这种影响在第一类和第三类以及第一类和第四类之间存在明显差异。在第一类地区，也就是农业经济最发达地区公路的系数为 0. 066。LnRoad × G2 的系数并未通过显著性检验，表明在第二类地区也就是农业经济次发达地区公路对农业全要素生产率的效应与第一类地区相比没有明显差异。LnRoad × G3 的系数为 − 0. 018，在 5% 的水平上显著，表明在第三类地区也就是农业经济次不发达地区，农业全要素生产率对公路的弹性为 0. 066 + （− 0. 018）＝ 0. 048；LnRoad × G4 的系数为 − 0. 031，在 1% 的水平上显著，表明在第四类地区也就是农业经济最不发达地区，农业全要素生产率对公路的弹性为 0. 066 + （− 0. 031）＝ 0. 035。公路效应在这四类地区的顺序是：农业经济最发达地区、农业经济次发达地区 > 农业经济次不发达地区 > 农业经济最不发达地区。

灌溉变量以及灌溉和三个类型地区的虚拟变量交互项的系数都在 5% 的水平上高度显著，表明灌溉对农业全要素生产率的改进有显著影响，这种影响在农业经济发展程度不同的四类地区有明显差异。在第一类地区也就是农业经济最发达地区灌溉的系数为 0.361。LnIrrigation × G2 的系数为 - 0.216，表明在第二类地区也就是农业经济次发达地区，农业全要素生产率对灌溉的弹性为 0.361 + （ - 0.216） = 0.145。LnIrrigation × G3 的系数为 - 0.239，在 5% 的水平上显著，表明在第三类地区也就是农业经济次不发达地区农业全要素生产率对灌溉的弹性为 0.361 + （ - 0.239） = 0.122；LnIrrigation × G4 的系数为 - 0.351，在 1% 的水平上显著，表明在第四类地区也就是农业经济最不发达地区农业全要素生产率对灌溉的弹性为 0.361 + （ - 0.351） = 0.010。灌溉效应在这四类地区的顺序是：农业经济最发达地区 > 农业经济次发达地区 > 农业经济次不发达地区 > 农业经济最不发达地区。

电力变量以及电力变量和 G3、G4 两个虚拟变量的交互项系数估计值都在 10% 的水平上显著，表明电力对农业全要素生产率的影响显著，并且这种影响在第一类和第三类以及第一类和第四类之间存在明显差异。在第一类地区也就是农业经济最发达地区电力的系数为 0.189。LnPower × G2 的系数并未通过显著性检验，表明在第二类地区也就是农业经济次发达地区电力对农业全要素生产率的效应与第一类地区相比没有明显差异。LnPower × G3 的系数为 - 0.121，在 5% 的水平上显著，表明在第三类地区也就是农业经济次不发达地区，农业全要素生产率对电力的弹性为 0.189 + （ - 0.121） = 0.068；LnPower × G4 的系数为 - 0.188，在 5% 的水平上显著，表明在第四类地区也就是农业经济最不发达地区农业全要素生产率对电力的弹性为 0.189 + （ - 0.188） = 0.001。电力效应在这四类地区的顺序是：农业经济最发达地区、农业经济次发达地区 > 农业经济次不发达地区 > 农业经济最不发达地区。

表6 - 7　农村基础设施对农业全要素生产率的影响的区域差异（按农业经济发达程度划分）

基础设施	农业全要素生产率对农村基础设施的弹性			
公路	最发达	次发达	次不发达	最不发达
	0.066	0.066	0.048	0.035
灌溉	最发达	次发达	次不发达	最不发达
	0.361	0.145	0.122	0.010
电力	最发达	次发达	次不发达	最不发达
	0.189	0.189	0.068	0.001

通过对全国不同农业经济发达程度地区的比较分析（见表 6 - 7）可以发现，农村基础设施在农业经济发达程度不同的类别对农业全要素生产率的作用效应有明显差异，比较一致的特征是，公路、灌溉和电力在农业经济发达地区对农业增长的效应都要明显高于欠发达地区。农业经济发展水平越高的地区，农村基础设施对农业全要素生产率的促进效应越明显。

3. 按乡镇住户规模划分区域的估计结果

表 6 - 8 报告了引入按农业经济发达程度划分的四大区域的虚拟变量的回归模型的估计结果。该模型中的虚拟变量反映的是根据乡镇住户规模划分的四类地区，这四类地区代表了乡镇住户的不同密集程度，其中第一类地区整体乡镇规模在四个类别中是最高的，为最大规模区，其次是第二类地区（次大规模区），再次是第三类地区（次小规模区），乡镇农村住户数量相对最低的省份为第四类地区，即最小规模区。地区虚拟变量 G2、G3、G4 等于 1 分别代表的是乡镇住户次大规模地区、次小规模地区和最小规模地区，模型中的基准类是最大规模地区。根据虚拟变量和基础设施的交互项系数的估计值和显著性可以讨论次大规模地区、次小规模地区、最小规模地区与最大规模地区之间基础设施对农业全要素生产率影响效应的差异。

表 6 - 8　模型 4 估计结果（按乡镇住户规模划分区域）

Variable	Coefficient	Std. Error
C	− 83. 142 ***	4. 705
LnRoad	0. 058 ***	0. 020
LnRoad × G2	− 0. 048 **	0. 022
LnRoad × G3	− 0. 028 **	0. 012
LnRoad × G4	− 0. 020 **	0. 008
LnIrrigation	0. 573 ***	0. 169
LnIrrigation × G2	0. 063	0. 096
LnIrrigation × G3	− 0. 426 ***	0. 097
LnIrrigation × G4	− 0. 524 ***	0. 107
LnPower	0. 216 ***	0. 020
LnPower × G2	− 0. 095 **	0. 042

续表

Variable	Coefficient	Std. Error
LnPower × G3	− 0. 191 ***	0. 028
LnPower × G4	− 0. 130 ***	0. 030
LnAgrlabor	− 0. 367 ***	0. 082
LnIndustry	0. 17 ***	0. 042
LnMechanical	0. 083	0. 020
LnEdu	1. 074 ***	0. 070
LnAffected	− 0. 011 **	0. 050
Year	0. 038 ***	0. 005
Adjusted R – squared	0. 897	
模型整体显著性检验 Prob （F – statistic）	0. 000	
截面效应检验 Prob （F – statistic）	0. 000	

注：＊表示在10%的水平上显著，＊＊表示在5%的水平上显著，＊＊＊表示在1%的水平上显著。

　　从表6 - 8 可以看出，模型整体的估计效果较好，校正的判定系数达到
0.897，模型整体的显著性 F 检验的统计量在1%的水平上高度显著。此外，对截
面效应进行的 F 检验也在1%的水平上拒绝了不存在截面效应的原假设，表明模
型的设定形式是合理的。

　　公路变量以及公路变量和 G2、G3、G4 三个虚拟变量的交互项系数估计值都
在10%的水平上显著，表明公路对农业全要素生产率的影响显著，这种影响在
四类乡镇住户规模不同类别间存在明显差异。在第一类地区也就是乡镇住户规模
最大的地区公路的系数为 0.058。LnRoad × G2 的系数为 − 0.048，在1%的水平
上显著，表明在第二类地区也就是乡镇住户规模次大地区农业全要素生产率对公
路的弹性是 0.058 + （ − 0.048 ） = 0.010。LnRoad × G3 的系数为 − 0.028，在
5%的水平上显著，表明在第三类地区也就是乡镇住户规模次小地区农业全要素
生产率对公路的弹性为 0.048 + （ − 0.028 ） = 0.020；LnRoad × G4 的系数为
− 0.020，在5%的水平上显著，表明在第四类地区也就是乡镇住户规模最小地
区，农业全要素生产率对公路的弹性为 0.058 + （ − 0.020 ） = 0.038。公路效应
在这四类地区的顺序是：乡镇住户规模最大地区 > 乡镇住户规模最小地区 > 乡镇
住户规模次小地区 > 乡镇住户规模次大地区。

灌溉变量以及灌溉和 G3、G4 两个虚拟变量交互项系数都在 1% 的水平上高度显著，而灌溉和 G2 虚拟变量的交互项的系数却并不显著。估计结果显示，灌溉对农业全要素生产率的改进有显著影响，这种影响在第一类和第三类以及第一类和第四类之间存在明显差异。在第一类地区也就是乡镇住户规模最大地区灌溉的系数为 0.573，在 1% 的水平上高度显著，表明农业全要素生产率对灌溉的弹性为 0.573。LnIrrigation × G2 的系数没有通过显著性检验，表明在第一类地区和第二类地区灌溉效应差异不显著。LnIrrigation × G3 的系数为 -0.426，在 1% 的水平上显著，表明在第三类地区也就是乡镇住户规模次小地区农业全要素生产率对灌溉的弹性为 0.573 + (-0.426) = 0.147；LnIrrigation × G4 的系数为 -0.524，在 1% 的水平上显著，表明在第四类地区也就是乡镇住户规模最小地区农业全要素生产率对灌溉的弹性为 0.573 + (-0.524) = 0.049。灌溉效应在这四类地区的顺序是：乡镇住户规模最大地区、乡镇住户规模次大地区 > 乡镇住户规模次小地区 > 乡镇住户规模最小地区。

电力变量以及电力变量和 G2、G3、G4 三个虚拟变量的交互项的系数估计值都在 1% 的水平上显著，表明电力对农业全要素生产率的影响显著，这种影响在乡镇住户规模不同的四个类别之间存在明显差异。在第一类地区也就是乡镇住户规模最大地区电力变量的系数为 0.216，表明在该地区全要素生产率对电力的弹性为 0.212。LnPower × G2 的系数为 -0.095，表明在第二类地区也就是乡镇住户规模次大地区农业全要素生产率对电力的弹性为 0.216 + (-0.095) = 0.121。LnPower × G3 的系数为 -0.191，表明在第三类地区也就是乡镇住户规模次小地区农业全要素生产率对电力的弹性为 0.216 + (-0.191) = 0.025；LnPower × G4 的系数为 -0.130，表明在第四类地区也就是乡镇住户规模最小的地区农业全要素生产率对电力的弹性为 0.216 + (-0.130) = 0.086。电力效应在这四类地区的顺序是：乡镇住户规模最大地区 > 乡镇住户规模次大地区 > 乡镇住户规模最小地区 > 乡镇住户规模次小地区。

表 6-9　农村基础设施对农业全要素生产率的影响的区域差异（按乡镇住户规模划分）

基础设施	农业全要素生产率对农村基础设施的弹性			
公路	最大规模	最小规模	次小规模	次大规模
	0.058	0.038	0.020	0.010

续表

基础设施	农业全要素生产率对农村基础设施的弹性			
灌溉	最大规模	次大规模	次小规模	最小规模
	0.573	0.573	0.147	0.049
电力	最大规模	次大规模	最小规模	次小规模
	0.216	0.121	0.086	0.025

通过表6-9的比较研究可以发现，在乡镇住户规模不同的四类区域，农村基础设施对农业全要素生产率的作用效应有明显差异。在四类区域中，乡镇住户规模最大的区域中公路和电力变量对全要素生产率的推动作用最大，说明乡镇住户规模越大，公路和电力的积极效应越容易体现。公路在乡镇住户规模最大的地区弹性系数为0.058，在乡镇住户规模最小的类别弹性系数为0.041，是乡镇住户规模次大地区弹性系数0.033的2倍，更是乡镇住户规模次小地区弹性系数0.020的3倍，反映了公路对农业增长的效果和住户规模有密切联系。在乡镇住户规模最大的类别，对公路基础设施有着最大的需求，公路的效应最大；而在乡镇住户规模最小的类别，公路设施对农业增长的效应在四类地区中居第二位，这表明在乡镇人口稠密和稀疏地区修建公路，能显著推动农业增长。

灌溉变量则在乡镇住户规模次大和最大的两类地区的效应最大，在住户规模次大的地区次大，最后是住户规模最小的类别，估计的弹性系数数值差别较大，在乡镇住户规模次大和最大的两类地区弹性系数是0.576，而在住户规模次大地区的弹性系数为0.146，在住户规模最小的类别弹性系数为0.043，还不足乡镇住户规模次大和最大的两类地区弹性系数的1/10。这意味着灌溉效应的发挥与适度规模的住户规模相匹配，过小的住户规模类别的灌溉效应明显低于住户集中的类别。如果住户分散，灌溉的规模效应难以发挥。

电力变量在住户规模最大地区的效应最大，弹性系数是0.212，在住户规模次大地区的弹性系数是0.108，在乡镇住户规模最小地区的弹性系数为0.075，乡镇住户规模次小地区该弹性系数只有0.018，表明电力对农业增长的效应在住户规模较大的地区效应更容易发挥。

三、本章小结

本章对农村基础设施在不同类别的效果进行了比较研究。按照农业生产条件的特点、农业经济发达程度、乡镇住户规模三个分类标准对我国的 31 个省份进行了区域划分，在不同类别划分下研究了农村基础设施效应的类别差异。实证研究的结论支持了本书结论：农村基础设施的全要素生产率效应受到农业生产条件、农业经济发达程度和乡镇住户规模的影响。通过实证研究可以发现，在以畜牧业为主的西北地区，公路对全要素生产率的影响最显著，而灌溉在西北地区的效应并不理想；在长江中下流域地区灌溉和电力对全要素生产率的影响效应最突出。从农业经济发展水平的角度，在农业经济越发达的类别，公路、灌溉、电力都表现出了对农业全要素生产率更大的促进效应，表明在农业生产力越发达的地区基础设施的效应越易发挥。从乡镇住户规模的角度分析，公路在乡镇住户规模最大和最小的类别表明出更大的效应，表明公路应该向住户规模高度集中和高度分散的类别倾斜；灌溉和电力在住户规模较大的类别也体现出了更大的效应，表明在农村行政体制改革下，集村并镇以及适度规模的集中居住有利于农村基础设施效应的发挥。

第七章　农村基础设施建设政策
演变与效应评估

第六章考察了农村基础设施的生产率增长效应在不同区域的差异，研究结论发现农业生产条件、农业经济发达程度以及乡镇住户规模对农村公路设施、灌溉设施和电力设施对全要素生产率效应都有不同程度的影响。第六章的实证研究是从空间单元的角度探察农村基础设施的生产率效应的地域性影响因素，本章将把研究视角从空间维度转向时间维度。从时间维度分析农村基础设施政策的演变，根据政策的阶段性差异将研究期间划分为三个阶段，比较这个三阶段农村基础设施建设生产率效应的差异，进而总结改革开放以来我国农村基础设施政策的经验和教训。Willamson（1981）和 Dawson（1998）的研究都认为一国的制度环境对于该国的基础设施建设有着重大影响，在不同的制度环境下，政府在安排公共资本设施时会面临不同的激励而作出不同的设施决策。因此考察在不同时期不同公共政策体制下，农村基础设施建设对农业增长的影响效应差异，对于制定科学有效的农村基础设施公共政策有着重要的现实意义。

一、农村基础设施建设的政策演变

（一）计划经济时期的农村基础设施建设体制

中华人民共和国成立以来，伴随着经济体制变革，农村基础设施体制也进行了多次调整和改革。初期，全国百废待兴，国家作出了优先发展重工业的战略安排，基础设施建设重点投向了工业和城镇。在计划经济体制下，基础设施建设是以计划的方式由政府部门通过"自上而下"的行政手段来实施的。中央各部门对国民经济各个领域的基础设施建设进行垂直管理，投资规模和投向领域按国家计划统一分配。农村基础设施建设的决策机制是计划式的自上而下的方式，农民缺乏对基础设施的主动需求，更缺乏对需求的表达机制，因此各级政府根据他们的政治、经济理性自上而下地安排农村基础设施建设计划（胡洪曙，2007）。

在农村地区，由于国家宏观政策向工业领域的倾斜，通过财政渠道筹集的农村基础设施建设资金非常有限，不能满足农村地区对基础设施的需求。这一时期实行统收统支的财政管理体制，农村社区基础设施建设支出没有进入国家公共财政体系。农村基础设施建设主要通过集体化形式的强制动员和财政拨款相结合的制度安排来实现。农民依靠农村集体经济组织、人民公社自己筹集资金组织力量进行基础设施建设是这一阶段农村基础设施建设的主要形式。农村基础设施建设所需的水泥、钢材等不能自给自足的物质资料由财政拨款或自筹的资金购买，而所需的劳动力投入则由人民公社以行政命令的方式组织社员来提供。人民公社控制了农村社区几乎所有的生产和生活资料，政府对动员农民从事基础设施建设具有极大的权威，此外农民的投工投劳大部分是义务的，只有一小部分能得到工分报酬，这种资金筹措方式对农民的负担具有一定的间接性和隐蔽性。在人民公社时期，通过"大跃进"和"农业学大寨"等运动组织农民参与灌溉、铺路、防洪、水土改良等农业生产基础设施的建设，充分利用了农村劳动力资源优势，集中力量取得了显著的建设成效。计划经济时期国家对大型水利工程设施763亿元，社队组织农民出工出资估计达到580亿元，而对于小型农田水利工程的建设资金一般由社队自己全部承担，只有对于困难社队国家才会给予必要的补助（程漱兰，1999）。

总体来看，计划经济时期的基础设施建设主要依靠国家财政和农村集体组织，农民通过以劳动力替代资本的办法来分摊成本，人民公社承担了大量劳动密集型的公共基础设施建设。但这一时期农村基础设施建设体制也存在较大的问题：第一，对农民造成的负担具有一定隐蔽性，由于缺乏财政体制内的资金，通过强制性方式组织农民参加基础设施建设，让农民不能切身体会到负担的加重；第二，基础设施的决策机制忽视了农民的需求、偏好及意愿的表达；第三，基础设施建设决策中较少考虑成本和效益，特别是不计人力成本，造成了资源的浪费。

（二）农村基础设施建设的探索时期：1978～1993 年

1980 年 9 月 27 日，中央下达了《关于进一步加强和完善农业生产责任制的几个问题》的文件①，强调农业生产责任制对农业生产的重要意义。1982 年 1 月 l 日，中共中央发出了中央一号文件，即《全国农村工作会议纪要》②，正式肯定了家庭承包经营制度。随着家庭联产承包责任制的实施，农村基础设施建设体制发生了一系列转变。1980 年 2 月，《关于实行"划分收支、分级包干"财政管理体制的暂行规定》颁布实施，财政包干体制取代了计划经济时期高度集中的统收统支财政管理体制。在分级包干的财政管理体制下，中央和地方共同承担农业基础设施建设，而地方政府主要承担小型农田水利资金建设、农村教育和卫生等支出。但是由于乡（镇）政府财政资金的不足，农村基础设施的资金来源不得不依赖财政体制外的各级政府税外收入。各级政府税外收入主要来源有"三提五统"③，各种集资、乡镇企业上缴的利润和管理费、罚没收入、义务工、积累工等，如村提留的公积金主要用来修建农田水利设施、乡统筹的农村公路建设费主要用于农村道路修建和养护④。这类通过税收之外筹措基础设施资金的方式被称为基础设施建设的制度外筹资。根据国家税务总局农税课题组的调查显示，1990 年，农民承担的农村基础设施建设成本制度内负担为 20.07%，而基础设施建设的制度外筹资占 79.93%，其中村提留占 18.57%、乡提留占 16.38%、集资摊派占 9.44%、义务工折款占 35.55%，而制度内税收负担只占 20.07%（李彬，2004）。因此，在这一时期农民税费负担进一步加重。

1983 年 10 月，国务院发出《关于实行政社分开建立乡政府的通知》⑤，规定"设立乡（镇）政府作为基层政权，同时普遍设立村民委员会作为群众性自治组

---

① 中共中央印发《关于进一步加强和完善农业生产责任制的几个问题》的通知，http：//news. xinhuanet. com/ziliao/2005 – 02/04/content_ 2547020. htm.

② 1982 年中央一号文件：全国农村工作会议纪要，http：//news. xinhuanet. com/politics/2008 – 10/08/content_ 10162735_ 5. htm.

③ "三提"指农户上缴给村级行政单位的三种提留费用，包括公积金、公益金和行管费；"五统"是农民上缴给乡镇一级政府的五项统筹费，包括教育费附加、计划生育费、民兵训练费、乡村道路建设费和优抚费。

④ 国务院第 92 号令：《农民承担费用和劳务管理条例》。

⑤ 中共中央、国务院关于实行政社分开建立乡政府的通知，http：//www. people. com. cn/item/flfgk/gwyfg/1983/112103198303. html.

织"。到 1984 年底，全国基本上完成了撤社建乡工作，这一时期乡镇人民政府承担起乡镇农村基础设施建设的组织和实施工作。

虽然家庭承包制的实施促进了农业生产的迅速发展，但在农村基础设施方面，家庭承包制却没有体现出制度优势。家庭承包制实施后，政府组织和动员农民出工出资进行基础设施建设的能力削弱，村级基础设施水平下降。这一时期使用的水利工程很多都是人民公社时期修建的，而家庭承包制实施后，很多水利设施由于无人管理维护而年久失修，无法使用。林万龙（2002）认为由于"原有的（公社时期）农村社区公共产品供给制度已经难以适应新的制度环境，原有制度安排逐步失效。同时，家庭承包制使新的制度安排产生成为了可能"。在家庭联产承包责任制下，农村基础设施已不再是仅仅依靠政府投资，而是有着多元化的投资主体。在《中共中央 1984 年农村工作的通知》中指出："农村有些基础设施，如仓库、公路、小水电等，可鼓励农民个人或合股集资兴办，并实行有偿使用制度，谁兴建谁得益，使资金能够回收和周转，依靠国家、集体和个人的力量，采取多种办法集资，兴建商品流通所需的冷库、仓库、交通、通信等基础设施。国家和地方财政对此要作出适当的安排。国营商业和供销社要在税后利润中提取一定的比例，用于这一类建设。凡属商品流通基础设施，谁举办，谁经营，谁得益，国家在税收上给予照顾和优惠。"①

在这一阶段，农村基础设施建设依然是自上而下的决策机制。虽然在家庭联产承包责任制下农户作为独立的生产经营个体，对公共基础设施有了主动需求的动机及需求偏好，但分散的农户很难在公共决策中表达自己对公共基础设施的利益诉求，而农村基层政府在政绩考核的压力及经济利益的驱动下，往往会利用自己掌握公共资源的权力，处于自身的利益进行基础设施建设决策，而不是把农民需求放在决策因素的首位。

（三）农村基础设施建设的改革时期：1994～2003 年

1993 年 12 月 15 日，国务院发布《关于实行分税制财政管理体制的决定》，从 1994 年开始实行分税制改革。分税制改革对财政管理体制带来的主要变化有：

---

① 《中共中央关于一九八四年农村工作的通知》，http://cpc.people.com.cn/GB/64162/135439/8134254.html.

一是根据事权划分各级政府财政支出范围；二是设立中央和地方两套税收征管体系，明确中央政府收入和地方政府收入的划分；三是建立中央政府对地方政府以及地方政府之间的财政转移支付制度。分税制改革明显增强了中央政府的财政收入和宏观调控能力，但分税制改革仅仅划清了中央政府和省级政府之间的事权，对省级以下各级政府之间的事权没有作出清晰的界定，从而形成了"事权层层下放、财权逐步上收"的局面，造成地方乡镇政府巨大的财政压力，使农民负担过重的问题进一步恶化。"五五"时期（1976～1980年）农业基本建设投资占基本建设投资比重是10.5%，而该比重在"八五"时期（1991～1995年）下降至3.0%，在"九五"时期（1996～2000年）提升至5.6%，但农业基本建设投资占基本建设投资的比重仍然是"八五"时期的二分之一。依靠农村集体和农民筹资筹劳的农业基础设施建设、管理和运行面临很多问题，一方面是国家对于农业的投资比较有限，另一方面是农民用于生产性固定资产投资的比重大幅下降。在这种情况下，农业生产投入不足、农业基础设施薄弱成为当时农业发展面临的最突出困难，以至于农业抗御自然灾害的能力已经复归至20世纪60年代的水平①。此外，自上而下的政绩考评机制也对农村基层政府的基础设施投资决策带来冲击，县乡政府在财力相当有限的情况下，通过加重农民负担或举债修建了大量政绩工程，导致公共资源极大的浪费。农民负担日益加重，也挫伤了农民从事农业生产、加强农业基础设施建设的积极性。

为了弥补分税制给农村基础设施建设带来的资金不足问题，政府出台了一系列加强农业设施的政策。1993年颁布了《中华人民共和国农业法》专门强调了农业设施的重要性。2002年新修订的《农业法》明确规定"国家逐步提高农业投资的总体水平。中央和县级以上地方财政每年对农业总投资的增长幅度应高于其财政经常性收入的增长"。2001年1月发布的《关于做好2001年农业和农村工作的意见》中提出："采用财政补贴、财政贴息等多种方式支持农村社会发展。"在农村小型公益设施建设、农业基本建设和农业开发等项目建设上实行设施补助和贴息等方式，逐步形成了多元化的资金筹措渠道。

---

① "中国传统农业向现代农业转变的研究"课题组．中国传统农业向现代农业转变的研究［J］．当代中国史研究，1998（1）：24，29.

（四）统筹城乡政策下的农村基础设施建设：2004 年以来

2003 年初的中央农村工作会议首次明确提出要把解决好"三农"问题作为全党工作的重中之重。同年召开的十六届三中全会提出把统筹城乡发展作为科学发展观的重要组成部分。2004 年召开的中央经济工作会议指出我国已进入以工促农、以城带乡的发展阶段，要求各级政府更加积极地支持"三农"发展，提出"多予、少取、放活"和"工业反哺农业、城市支持农村"的三农工作方针。2005 年十六届五中全会明确提出了建设社会主义新农村的重大历史任务。2004 年以来，每年的中央一号文件都围绕"三农"问题形成了一系列"惠农"政策，如"要进一步调整国民收入分配结构和财政支出结构，依法安排并落实对农业和农村的预算支出；新增财政支出和固定资产设施要切实向农业、农村和农民倾斜；要大幅度增加国家对农村基础设施建设和社会事业发展的投入、提高预算内固定资产设施用于农村的比重；要扩大公共财政覆盖农村的范围，建立'三农'投入稳定增长机制"。下面将从政策目标、建设重点和资金来源三个方面梳理 2004 ~ 2020 年的 17 个中央一号文件中关于农村基础设施的政策演变。

1. 政策目标

2004 年的中央一号文件提出"加强农村基础设施建设，为农民增收创造条件"。2005 年提出"加强农村基础设施建设，改善农业发展环境"。2006 年提出"加强农村基础设施建设，改善社会主义新农村建设的物质条件"，这一时期强调对农民收入、生产条件和生活环境的改善。2007 年提出"加快农业基础建设，提高现代农业的设施装备水平"，强调基础设施对现代农业发展的保障作用。2013 年提出"改进农村公共服务机制，积极推进城乡公共资源均衡配置"。2014 年进一步提出"加快提升农村基础设施水平，推进城乡基本公共服务均等化"。2018 年明确提出"推动农村基础设施提挡升级，继续把基础设施建设重点放在农村"。这一时期强调基础设施建设的重点在农村，要缩小城乡基础设施建设差距，实现公共服务均等化。我国对农村基础设施建设的政策目标从早期的致力于提高农民收入、改善农村生活生产条件发展到优先安排农村基础设施建设，推进城乡基本公共服务标准统一、制度并轨，实现从形式上的普惠向实质上的公平转变。

2. 建设重点

2004 年的中央一号文件强调了对田地平整、土壤肥沃、路渠配套、旱涝保收、高产稳产高标准基本农田的建设，加大对大中型农田水利基础设施建设的投入力度。2006 年进一步提出要"在搞好重大水利工程建设的同时，不断加强农田水利建设。加快发展节水灌溉，继续把大型灌区续建配套和节水改造作为农业固定资产投资的重点"以及"着力加强农民最急需的生活基础设施建设"，加快农村饮水安全工程建设，增加农村沼气建设投资规模，加快农业信息化建设，用信息技术装备农业，加速改造传统农业。2013 年提出中央投资继续支持农村水电、供电区电网改造和农村水电增效扩容改造，推进西部地区、连片特困地区乡镇、建制村通沥青（水泥）路建设和东中部地区县乡公路改造、连通工程建设，加大农村公路桥梁、安保工程建设和渡口改造力度，继续推进农村乡镇客运站网建设。2014 年强调"推进农村广播电视、通信等村村通工程，加快农村信息基础设施建设和宽带普及，推进信息进村入户"，继续把基础设施建设重点放在农村，加快农村公路、供水、供气、环保、电网、物流、信息、广播电视等基础设施建设，推动城乡基础设施互联互通。随着信息时代的到来，2018 年中央一号文件提出实施数字乡村战略，做好整体规划设计，加快农村地区宽带网络和第四代移动通信网络覆盖步伐，开发适应"三农"特点的信息技术、产品、应用和服务，推动远程医疗、远程教育等应用普及，弥合城乡数字鸿沟。这一时期，我国农村基础设施的重点从为农民的生产生活提供基本保障，转向了环保、物流、信息基础设施等更广阔的领域。

3. 资金来源

2010 年以前，农村基础设施的资金来源是农业综合开发新增资金、土地整理复垦开发、农业综合开发等各类建设资金和中长期政策贷款，鼓励"采取贴息、补助、税收等措施，发挥国家农业资金投入的导向作用，鼓励社会资本积极投资开发农业和建设农村基础设施"。2008 年的中央一号文件提出"大幅度提高政府土地出让收益、耕地占用税新增收入用于农业的比例，耕地占用税税率提高后新增收入全部用于农业，土地出让收入重点支持农业土地开发和农村基础设施建设"。2017 年提出"拓宽农业农村基础设施投融资渠道，支持社会资本以特许经营、参股控股等方式参与农林水利、农垦等项目建设运营。鼓励地方政府和社会资本设立各类农业农村发展投资基金。加大地方政府债券支持农村基础设施建设力度"。农村基础建设的资金筹措从早期的政府投入为主，逐步转向灵活多样的资金筹措方式，探索市场化方式筹集资金。对各级财政支持的各类小型项目优先安排农村集体经济组织、农民合作组织等作为建设管护主体，强化农民参与和全程监督，推广"一事一议"、以奖代补等方式，鼓励农民对直接受益的乡村基础设施建设投工投劳，让农民更多参与建设管护。

这一时期，政府是农村基础设施建设最重要的主体。村级农村基础设施建设的决策机制也由"自上而下"的行政机制转变为"一事一议"的决策机制。村内基础设施如农田水利建设、村级道路建设等实施实行"一事一议"，由直接受益和承担义务的村民集体讨论，来决定如何筹资、筹集多少、如何支出劳务、如何建设、如何分享利益等事宜。在"一事一议"决策体制下，农民能够真正参与到农村基础设施建设中来，表达自己的需求和意愿，也从体制上杜绝了对农民的乱摊派、乱集资和乱收费。随着市场经济的深化，农村基础设施建设的资金来源渠道也趋于多元化，除有国家扶持资金、地方政府扶持资金，还有银行贷款、民间自由资金、社会捐助资金和国外资金等。近年来，我国已建立财政支农资金稳定增长的长效机制，财政增量支出重点向农村倾斜，让农民更多地享受改革和发展带来的成果。此外，国家通过加大中央向地方财政、省级财政向县级财政的转移支付力度，保证农村基础设施建设的资金投入，加大资金整合力度，提高资金使用效率。表7-1总结了四个时期农村基础设施建设体制的特点。

表7-1 乡镇农村基础设施建设体制在不同时期的特点

	计划经济时期	探索时期	改革时期	城乡统筹时期
设施主体	人民公社	乡镇政府	乡镇政府	乡镇政府
资金来源	财政拨款、集体经济组织筹资筹劳	财政资金和"三提五统"	财政资金、集资、摊派	财政资金、银行贷款、民间自由资金、社会捐助资金和国外资金
财政体制特点	统收统支	划分收支、分级包干	分税制	加大各级政府间转移支付力度
设施决策方式	行政计划	自上而下	自上而下	"一事一议"
农民负担	间接、隐蔽	显性、负担加重	显性、负担加重	负担减轻

二、实证分析

（一）回归模型设定

为了分析不同的农村基础设施建设政策下农村基础设施对农业全要素生产率影响效应的差异，本节对模型 1 进行了扩展，引入农村基础设施变量和反映不同阶段虚拟变量交互项，可以比较在不同政策背景下农村基础设施对农业全要素生产率的影响效应是否存在显著差别。模型 5 形式如下：

$$LnTFP_{it} = \alpha_0 + \alpha_1 LnRoad_{it} + \alpha_2 S_2 \times LnRoad_{it} + \alpha_3 S_3 \times LnRoad_{it} + \alpha_4 LnIrrigation_{it} +$$
$$\alpha_5 S_2 \times LnIrrigation_{it} + \alpha_6 S_3 \times LnIrrigation_{it} + \alpha_7 LnPower_{it} + \alpha_8 S_2 \times$$
$$LnPower_{it} + \alpha_9 S_3 \times LnPower_{it} + \beta LnControl_{it} + \gamma T + \mu_i + \varepsilon_{it} \qquad (7-1)$$

根据前文对我国基础设施建设政策演变的回顾，将本书研究期间划分为三阶段，第一阶段是 1986～1993 年，为农村基础设施建设探索时期；第二阶段是 1994～2003 年，为农村基础设施建设改革时期；第三阶段是 2004～2015 年，为统筹城乡建设时期。用两个虚拟变量 S_2 和 S_3 分别代表研究期间的三个阶段，$S_2 = 0$、$S_3 = 0$ 代表第一阶段探索时期，是研究中的基准类；$S_2 = 1$、$S_3 = 0$ 代表第二阶段改革时期，$S_2 = 0$、$S_3 = 1$ 代表第三阶段城乡统筹时期。模型 5 中变量的含义和解释以及样本数据的说明同第五章。

在三个阶段农业全要素生产率对公路设施、灌溉设施和电力设施的弹性分别为：

第一阶段：

$$\frac{\partial LnTFP_{it}}{\partial LnRoad_{it}} = \alpha_1 \quad \frac{\partial LnTFP_{it}}{\partial LnIrrigation_{it}} = \alpha_4 \quad \frac{\partial LnTFP_{it}}{\partial LnPower_{it}} = \alpha_7 \qquad (7-2)$$

第二阶段：

$$\frac{\partial LnTFP_{it}}{\partial LnRoad_{it}} = \alpha_1 + \alpha_2 \quad \frac{\partial LnTFP_{it}}{\partial LnIrrigation_{it}} = \alpha_4 + \alpha_5 \quad \frac{\partial LnTFP_{it}}{\partial LnPower_{it}} = \alpha_7 + \alpha_8 \qquad (7-3)$$

第三阶段：

$$\frac{\partial \text{LnTFP}_{it}}{\partial \text{LnRoad}_{it}} = \alpha_1 + \alpha_3 \quad \frac{\partial \text{LnTFP}_{it}}{\partial \text{LnIrrigation}_{it}} = \alpha_4 + \alpha_6 \quad \frac{\partial \text{LnTFP}_{it}}{\partial \text{LnPower}_{it}} = \alpha_7 + \alpha_9 \qquad (7-4)$$

模型 5 采用面板数据固定效应变截距模型的形式，估计方法采用 FGLS（Feasible Generalized Least Squares），使用 PCSE（Panel Corrected Standard Error）修正了标准误，克服了潜在的自相关和异方差问题。

(二) 回归模型相关检验

1. 混合回归模型和固定效应模型的检验

利用 F 检验讨论模型 5 在混合回归模型和固定效应模型两者之间的取舍，F 检验统计量的值为 72.495，对应的 p 值接近 0.000，检验结论表明，不能将面板数据简单看成是截面数据的堆积，需要采用面板数据模型的估计方法考察模型 5 在横截面单元上的个体影响或结构变化。

2. 随机效应模型和固定效应模型检验

利用 Hausman 检验对模型 5 在固定效应模型和随机效应模型之间进行讨论，Hausman 检验的 p 值接近 0，拒绝原假设中的随机效应模型，表明研究中的外生变量与个体效应相关，模型 5 应该采用固定效应模型。本书采用的是 31 个观测单元在 30 年间的面板数据，样本包括中国除港澳台外的所有省份，样本面板数据的截面单元和总体的截面单元一致，也就是截面单元之间的差异是固定的，适宜采用固定效应模型。此外，从估计技术上讲，固定效应估计始终能得到一致估计，但随机效应则不然；从理论上讲，固定效应的假设更符合经济现实，有利于缓解因遗漏变量偏误导致的内生性问题。

3. 待估参数的检验

在模型 5 中值得特别关注的参数检验有两类：一是单个参数的假设检验，即三类基础设施 LnRoad、LnIrrigation 和 LnPower 变量的系数，三个系数的显著性反映了第一阶段，全要素生产率分别对公路设施、灌溉设施和电力设施的弹性。虚拟变量和基础设施建设的交互项系数是差别斜率系数，其显著性则反映了第二阶段和第三阶段全要素生产率分别对公路、灌溉和电力设施的弹性相较于第一阶段是否存在显著差异。二是参数检验，即两个参数的联合假设检验，根据前文分析，在第二阶段农业全要素生产率对公路设施、灌溉设施和电力设施的弹性分别是 $\alpha_1 + \alpha_2$、$\alpha_4 + \alpha_5$ 和 $\alpha_7 + \alpha_8$，要检验在第二阶段公路设施、灌溉设施和电力设施分别对农业全要素生产率是否有显著影响，则要检验 $\alpha_1 + \alpha_2$、$\alpha_4 + \alpha_5$ 和 $\alpha_7 + \alpha_8$ 是否显著不等于 0，对于第三阶段也有类似的讨论。表 7 - 2 汇总了对模型中关键参数假设检验的讨论过程。

表 7 - 2　模型 5 中的参数检验

待检验参数含义	原假设	检验类型	检验统计量
第一阶段 TFP 对公路设施的弹性	$\alpha_1 = 0$	t 检验	1.842 **
第一阶段 TFP 对灌溉设施的弹性	$\alpha_4 = 0$	t 检验	4.326 ***
第一阶段 TFP 对电力设施的弹性	$\alpha_7 = 0$	t 检验	1.714 *
第二阶段和第一阶段 TFP 对公路设施的弹性的差异	$\alpha_2 = 0$	t 检验	- 10.999 ***
第二阶段和第一阶段 TFP 对灌溉设施的弹性的差异	$\alpha_5 = 0$	t 检验	- 2.647 ***
第二阶段和第一阶段 TFP 对电力设施的弹性的差异	$\alpha_8 = 0$	t 检验	- 2.667 *
第三阶段和第一阶段 TFP 对公路设施的弹性的差异	$\alpha_3 = 0$	t 检验	1.725 *
第三阶段和第一阶段 TFP 对灌溉设施的弹性的差异	$\alpha_6 = 0$	t 检验	1.857 *
第三阶段和第一阶段 TFP 对电力设施的弹性的差异	$\alpha_9 = 0$	t 检验	3.895 ***
第二阶段 TFP 对公路设施的弹性	$\alpha_1 + \alpha_2 = 0$	Wald 检验	3.107 *
第二阶段 TFP 对灌溉设施的弹性	$\alpha_4 + \alpha_5 = 0$	Wald 检验	7.547 ***
第二阶段 TFP 对电力设施的弹性	$\alpha_7 + \alpha_8 = 0$	Wald 检验	3.018 *
第三阶段 TFP 对公路设施的弹性	$\alpha_1 + \alpha_3 = 0$	Wald 检验	5.307 **
第三阶段 TFP 对灌溉设施的弹性	$\alpha_4 + \alpha_6 = 0$	Wald 检验	8.847 ***
第三阶段 TFP 对电力设施的弹性	$\alpha_7 + \alpha_9 = 0$	Wald 检验	9.159 ***

注：＊＊＊表示在 1% 的水平上显著，＊＊表示在 5% 的水平上显著，＊表示在 10% 的水平上显著。

从参数检验的结论来看，在三个阶段农村公路设施、灌溉设施和电力设施对农业全要素生产率都有显著地影响，并且三类设施对全要素生产率的影响效应在三个阶段呈现出明显差异。

（三）回归模型估计结果

根据表 7 - 3 中的回归结果，$S_2 \times LnRoad$ 和 $S_2 \times LnIrrigation$ 的系数在 1% 的水平上显著，$S_2 \times LnPower$ 的系数 10% 的水平上显著，表明在第二阶段改革时期（1994 ~ 2003 年），农业全要素生产率对公路、灌溉以及电力设施之间的弹性系数与基准类第一阶段（1986 ~ 1993 年）之间的三个弹性系数存在显著的差异。

第一阶段（1986～1993 年）的全要素生产率对公路设施的弹性为 0.035，$S_2 \times$ LnRoad 的系数估计值为 -0.011，在 1% 的水平上显著，表明在第二阶段（1994～2003 年）全要素生产率对公路设施的弹性比第一阶段该弹性的估计值低 0.011，也就意味着在第二阶段（1994～2003 年）全要素生产率对公路设施的弹性为 0.035 + （-0.011）= 0.024。依此类推，可以计算出各个阶段农业全要素生产率分别对公路设施、对灌溉设施和对电力设施的弹性，详细结果如表 7-4 所示。

表 7-3　模型 5 估计的结果

Variable	Coefficient	Std. Error
C	-87.238 ***	6.075
LnRoad	0.035 *	0.019
LnRoad × S2	-0.011 ***	-0.001
LnRoad × S3	0.088 *	0.051
LnIrrigation	0.186 ***	0.043
LnIrrigation × S2	-0.045 ***	0.017
LnIrrigation × S3	0.039 *	0.021
LnPower	0.024 *	0.014
LnPower × S2	-0.008 ***	0.003
LnPower × S3	0.074 ***	0.019
LnAgrlabor	-0.577 ***	0.080
LnIndustry	0.088 *	0.052
LnMechanical	0.161 ***	0.027
LnEdu	1.198 ***	0.080
LnAffected	-0.03	0.020
Year	0.057 ***	0.018
Adjusted R - squared	0.933	
模型整体显著性检验 Prob （F - statistic）	0.000	
截面效应检验 Prob （F - statistic）	0.000	

注：*表示在 10% 的水平上显著，**表示在 5% 的水平上显著，***表示在 1% 的水平上显著。

表 7-4 的实证研究结论表明，三个时期的公路设施、灌溉设施和电力设施对全要素生产率都呈现出显著的推动作用，并且三类设施的生产率增长效应大小

在三个时期呈现出一致的顺序，城乡统筹时期明显高于探索时期，而改革时期最低。农村基础设施建设政策对农村基础设施的农业全要素生产率的增长效应有显著影响。

表7-4　不同时期农业全要素生产率对基础设施的弹性系数

基础设施	探索时期	改革时期	城乡统筹时期
	1986~1993 年	1994~2003 年	2004~2015 年
公路	0.035	0.024	0.123
灌溉	0.186	0.141	0.225
电力	0.024	0.016	0.098

从实证研究结论可以总结出，城乡统筹时期的农村基础设施政策最适应农业经济发展，在这一阶段农村基础设施对农业全要素生产率的推动效应显著高于其余两个阶段。在城乡统筹时期，国家加大了对农业的扶持，建立了财政支农稳定增长的长效机制，通过建立专项扶持资金加快了农村生产生活基础设施的配套建设；农村基础设施投资的资金来源呈现多元化，除财政资金外，也吸收了社会资金的参与。随着农村基层民主和乡村自治的建设，农民对基础设施的需求及愿望有了表达的渠道，通过"一事一议"制度，农民能够对村级基础设施建设发表自己的意见，真正参与基础设施投资和建设的决策中去。第二阶段的农村基础设施建设的生产率增长效应最低，这和这一时期农村基础设施建设投资体制相联系。在第二阶段分税制改革形成的"事权层层下放，财权逐步上收"的局面，使地方财政特别是乡镇财政陷入困境，农村基础设施投资资金使用效率低下。

三、本章小结

城乡统筹时期的农村基础设施建设政策最适应农业经济发展，在这一阶段农村基础设施对农业增长的推动效应明显高于探索时期和改革时期。农村基础设施投资的资金筹措、决策机制和建设模式等体制性政策性因素对基础设施的农业增长效应存在显著影响。在控制了产业结构、劳动力结构、自然气候等因素的情况下，研究发现公路、灌溉和电力设施对农业全要素生产率的促进效应在不同的基础设施建设政策背景下呈现出明显的阶段性差异。

基于本章研究结论，提出如下政策建议：

（一）完善农村基础设施投资决策机制

农村基础设施投资决策要调动农民参与决策的积极性，农村基础设施建设不能成为地方政府的政绩工程，应结合农民生活、农业生产的实际需求，将资金投入到最需要的地方。

（二）开拓农村基础设施投资资金筹措渠道

在加大政府对农村基础设施投资力度的同时，积极鼓励和引导社会力量如公益组织、企业、集体经济参与农村基础设施建设，缓解基层政府的财政压力，发挥市场机制，建立多元化的农村基础设施投资机制。

（三）建立科学的农村基础设施投资绩效评价体系

农村基础设施从投资、建设到建成使用往往需要历经数年，一项基础设施的建成不仅能带来经济效益，还能带来社会效益，并且具有强烈的辐射效应，如何全面客观地评价农村基础设施投资绩效，对于建立科学的基础设施投资决策机制、提高资金使用效率有重要的意义。

第八章 农村基础设施对农业全要素生产率的空间溢出效应

一、引言

农村基础设施在促进农业增长的同时也带来一定的外溢效应。农村基础设施具有公共品的外部性。外部性是指一些产品的生产和消费会给不直接参与这种活动的个人或企业带来有害或者有益的影响。当这种影响有益而受益者没有支付相应费用时，这种影响就是正外部性；当这种影响有害而受害者又没有获得相应赔偿时，这种影响就是负的外部性。基础设施具有溢出效应，一个地区的基础设施不仅会对该地区生产要素的流动、新技术的推广、产品的流通产生影响，还会对周边地区的资本、劳动力、技术的流动。农村基础设施对农业增长的推动作用得到学术界的共识，但是在实证研究中，研究者发现基于较小的行政区域层面（如县、市）的地域单元估计出的基础设施对经济增长的贡献要低于基于较大的行政区域层面（如省份、国家）的地域单元估计出的基础设施对经济增长的贡献（Cantos et al. , 2005；Berechman et al. , 2006；Ozbay et al. , 2007）。例如，Munnell（1992）基于美国的研究发现，研究的地域单元越小，高速公路投资对经济的影响效应越低。Lall（2007）指出在利用国家层面的数据研究基础设施对经济增长的贡献时，这种贡献不仅有基础设施对当地经济的影响，还有基础设施网状的空间辐射带来的正外部性效应，基础设施对经济的影响会超越行政区划上的地理边界，产生溢出效应（Boarnet, 1995, 1998）。目前对我国农村基础设施的空间溢出效应进行研究的文献还不多见，现有文献中 Liu 等（2007）利用浙江 11 个城市的面板数据进行研究发现高速公路对地方经济有着正的溢出效应。Yu 等（2013）利用空间模型估计了我国交通基础设施对经济增长的溢出效应。

中国地域辽阔，各级各地政府部门在基础设施的建设和规划上拥有很大的自主权和决策权，研究农村地区基础设施对当地和邻近地区农业增长的影响对于评估地方基础设施建设效应有重要的现实意义。本章基于空间面板数据模型分析我国农村基础设施对农业增长的空间溢出效应，尝试回答：农村基础设施的空间集聚和农业增长的空间集聚是否存在空间依赖性？农村基础设施对农业增长的空间溢出效应是否存在？农村基础设施的发展对周边地区的农业发展的辐射效应是什么？首先对空间经济计量模型进行简要的回顾，然后将以我国省级层面的面板数据进行实证研究，最后总结研究结论及政策层面的启示。

二、空间模型

（一）截面数据的空间模型

Whittle（1954）、Cliff 和 Ord（1973，1975）最早提出了空间模型，空间模型在犯罪学、人口学、经济学、流行病学、公共健康等领域有着广泛的运用。空间模型分析的数据含有观测单元的空间信息如国家、地区等，或是非地理信息概念的组织如家庭、特定组织等信息。把空间自回归结构与传统的回归模型结合在一起就形成了空间自回归模型（Spatial Autoregressive Mode，SAR）。

传统的回归模型形式如下：

$$y_i = \beta_0 + \beta_1 x_{i1} + \beta_2 x_{i2} + \cdots + \beta_k x_{ik} + \varepsilon_i \qquad (8-1)$$

y_i 代表地区 i 的被解释变量的观测值；

x_{ij} 代表地区 i 的第 j 个解释变量；

ε_i 代表地区 i 的随机误差项；

空间自回归模型对传统的线性模型进行了拓展，某一个地区的被解释变量被影响的因素包括邻近地区的被解释变量、邻近地区的解释变量和邻近地区的随机误差项。如果用空间自回归的术语来表述，就是模型中可以包含被解释变量的空间滞后、解释变量的空间滞后及随机误差项的空间滞后。

在时间序列中，一阶自回归 AR（1）过程如下：

$$y_t = \gamma_0 + \gamma_1 y_{t-1} + \varepsilon_t \tag{8-2}$$

其中，Y_{t-1} 叫作 y 的一阶滞后。

AR（1）模型中还可以包括随机误差项的一阶自回归，用 L 代表一阶滞后算子，可以写作：

$$y = \gamma_0 + \gamma_1 L. y + u$$
$$u = \rho L. u + \varepsilon$$
$$y = \gamma_0 + \gamma_1 L. y + (I - \rho L.)^{-1} \varepsilon \tag{8-3}$$

ρ 代表误差项的自相关系数。

时间序列模型中的符号和术语可以移植到空间计量模型中，滞后算子替换成了 N×N 的空间权重矩阵 W，也就是 L. y 变成了 W. Y，空间权重 W 和列向量 Y 相乘。

类似时间序列 AR（1）模型，空间自回归模型可以设定为：

$$y = \beta_0 + \beta_1 W_{y+u}$$
$$u = \rho W_{u+\varepsilon}$$

因此，包含有一阶误差项的空间自回归模型可以设定为：

$$y = \beta_0 + \beta_1 W_y + (I - \rho W)^{-1} \varepsilon \tag{8-4}$$

式中，W 是空间权重矩阵，该矩阵中的元素代表了两个地区间的空间关系。W 叫作空间滞后算子，类似时间滞后算子，L. 衡量了从 t-1 到 t 期的溢出效应，$W_{i_1 i_2}$ 代表从地区 i_2 到 i_1 的溢出效应，$W_{i_1 i_2}$ 若等于 0，代表地区 i_2 对地区 i_1 没有影响，该元素的值越大表示潜在的溢出效应越大。常用的空间权重矩阵有邻近矩阵（Contiguity）和倒数距离矩阵（Inverse Distance）两种。相邻的地区有影响存在溢出效应，不相邻的地区之间没有影响不存在溢出效应，溢出效应与两个地区之间的倒数呈比例。

在 SAR 模型中可以包括以下三项中的一项，或者几项：

WY：Y 的空间滞后，Y 受到了邻近的 Y 的影响。

WX：X 的空间滞后，Y 受到了邻近的 X 的影响。

$(I - \rho W)^{-1} \varepsilon$ 随机误差项的空间滞后，Y 受到了邻近的误差项的影响。

根据 SAR 模型中是否包括被解释变量的空间滞后、解释变量的空间滞后和随机误差项的空间滞后，SAR 模型有 7 种形式，在实践中根据似然比检验、AIC 选择等在 7 种模型中进行选择。

（1）General Nesting Spatial Model（GNS 模型，广义嵌套模型）

$$Y = \delta WY + \alpha_{\iota N} + X\beta + WX\theta + u$$

$$u = \lambda W_u + \epsilon \tag{8-5}$$

式中，WY 是被解释变量之间的内生交互效应，WX 是解释变量之间的外生交互效应，W_u 是截面单元随机误差项之间的交互效应。

（2）$\theta = \lambda = 0$，SAR（Spatial Autoregressive Model）：

$$Y = \delta WY + \alpha_{\iota N} + X\beta + u \tag{8-6}$$

（3）$\delta = \lambda = 0$，SLX（Spatial Lag of X Model）：

$$Y = \alpha_{\iota N} + X\beta + WX\theta + u \tag{8-7}$$

（4）$\delta = \theta = 0$，SEM（Spatial Error Model），模型中只含有随机误差项的空间滞后：

$$Y = \alpha_{\iota N} + X\beta + u$$

$$u = \lambda W_u + \epsilon \tag{8-8}$$

（5）$\theta = 0$，SAC（Spatial Autoregressive Combined）模型，包含了被解释变量的空间滞后 WY_t 和随机误差项的空间滞后，该模型也被称为 SARAR（Spatial Autoregressive with Spatially Autocorrelated Errors）模型，如下：

$$Y = \delta WY + \alpha_{\iota N} + X\beta + u$$

$$u = \lambda W_u + \epsilon \tag{8-9}$$

（6）$\lambda = 0$，SDM（Spatial Durbin Model）模型：

$$Y = \delta WY + \alpha_{\iota N} + X\beta + WX\theta + u \tag{8-10}$$

（7）$\delta = 0$，SDEM（Spatial Durbin Error model）模型：

$$Y = \alpha_{\iota N} + X\beta + WX\theta + u$$

$$u = \lambda W_u + \epsilon \tag{8-11}$$

（二）空间模型中的直接效应和间接效应

广义嵌套模型 GNS 模型具有最全面的形式，考虑了被解释变量的空间滞后、解释变量的空间滞后和随机误差项的空间滞后，可以改写成如下形式：

表 8 - 1　空间模型的典型形式

模型简称	模型全称	空间溢出效应
GNS	General Nesting Spatial Model	WY, WX, Wu
SAR	Spatial Autoregressive Model	WY
SLX	Spatial Lag of X model	WX
SEM	Spatial Error Model	Wu
SAC	Spatial Autoregressive Combined Model	WY, Wu
SDM	Spatial Durbin Model	WY, WX
SDEM	Spatial Durbin Error Model	WX, Wu

$$Y = (I - \delta W)^{-1}(X\beta + WX\theta) + R \qquad (8-12)$$

其中，R 代表模型中的截距项和随机误差项等。

对于每一个截面单元第 K 个解释变量对 Y 的边际效应可以表示为：

$$\left[\frac{\partial E(Y)}{\partial x_{1k}} \quad \cdot \quad \frac{\partial E(Y)}{\partial x_{Nk}} \right] = \begin{bmatrix} \dfrac{\partial E(y_1)}{\partial x_{1k}} & \cdot & \dfrac{\partial E(y_1)}{\partial x_{Nk}} \\ \cdot & \cdot & \cdot \\ \dfrac{\partial E(y_N)}{\partial x_{1k}} & \cdot & \dfrac{\partial E(y_N)}{\partial x_{Nk}} \end{bmatrix}$$

$$= (I - \delta W)^{-1} \begin{bmatrix} \beta_k & w_{12}\theta_k & \cdot & w_{1N}\theta_k \\ w_{21}\theta_k & \beta_k & \cdot & w_{2N}\theta_k \\ \cdot & & \cdot & \cdot \\ w_{N1}\theta_k & w_{N2}\theta_k & \cdot & \beta_k \end{bmatrix} \qquad (8-13)$$

式中，w_{ij} 是权重矩阵 W 中的第 i 行第 j 列的元素。E（Y）对第 k 个解释变量的边际效应矩阵有两个重要性质。第一，当某个截面单元的某一个解释变量发生 1 单位的变动，不仅会引致这一个截面单元的被解释变量发生改变，还会引致其他截面单元的被解释变量发生变化，前者称为直接效应，后者称为间接效应。偏导数矩阵中对角线上的元素代表直接效应，非对角线上的元素代表间接效应。当 $\delta = 0$，$\theta_k = 0$ 时，偏导数矩阵中非对角线上的元素都为 0，间接效应不存在。

第二，只要 $\delta \neq 0$，偏导数矩阵中对角线上的元素都不同，此时样本中不同截面单元的直接效应不同；只要 $\delta \neq 0$、$\theta \neq 0$，偏导数矩阵中非对角线上的元素都不相同，此时样本中不同截面单元的间接效应都不相同。

由于样本中每一个截面单元的直接效应和间接效应都不相同。如果有 N 个空间单元，K 个解释变量，则会有 K 个不同的 N×N 矩阵代表直接和间接效应，这样在报告结果时会非常繁琐。为了简单地报告估计结构，LeSage and Pace（2010）提出了报告直接效应和间接效应的简洁方式，就是把偏导数矩阵中的对角线元素的平均值反映直接效应；用偏导数矩阵中非对角线元素的列和均值代表某一个截面单元的解释变量 1 单位变动引致的其他截面单元的被解释变量的平均变动。

表 8－2　不同模型的直接效应和间接效应

模型	直接效应	间接效应
OLS/SEM	β_k	0
SAR/SAC	$(I-\delta W)^{-1}\beta_k$ 的对角线元素	$(I-\delta W)^{-1}\beta_k$ 的非对角线元素
SLX/SDEM	β_k	θ_k
SDM/GNS	$(I-\delta W)^{-1}(\beta_k+w\theta_k)$ 的对角线元素	$(I-\delta W)^{-1}(\beta_k+w\theta_k)$ 的非对角线元素

要考察空间模型中是否存在溢出效应，要检验解释变量的间接效应是否显著，而不是考察内生溢出效应变量 WY 和外生溢出效应变量 WX 的系数的显著性。因为不能通过考察 WY 和 WX 系数的显著性的系数判断 SAR、SAC、SDM、GNS 等模型中的间接效应是否显著。从表 8－2 可以看出，间接效应由多个系数的估计值共同决定。例如，假定 SDM 模型中 δ、β_k、θ_k 是显著的，也并不一定意味着第 K 个解释变量的间接效应是显著的；反之，即使 δ、β_k、θ_k 中有不显著的，间接效应仍然可能显著。参照 Anselin（2013）的做法，空间权重矩阵 W 是二元近邻矩阵，如果两个省份是相邻的，有着共同的边界，则 W_{ij} 的值为 1，否则为 0。

（三）面板数据的空间模型

将 N 个截面单元在一个时期的空间模型推广到 N 个截面单元在 t 个时期面板数据空间面板模型，就是在 GNS 模型的基础上加上下标 t，得到面板数据的广义嵌套 GNS 模型，如下：

$$Y_t = \delta W Y_t + \alpha \iota_N + X_t \beta + W X_t \theta + u_t$$

$$u_t = \lambda W_{u_t} + \epsilon_t \tag{8-14}$$

通过对 δ、λ、θ 施加是否等于 0 的约束条件，可以得到面板数据的 SAR、SEM、SLX、SAC、SDM、SDEM 模型。

上述空间面板模型的问题是没有考虑观测单元在空间和时间上的异质性。例如，地处沿海地区和边疆地区的空间单元的经济社会环境发展等有显著差异，如果在模型中不包括反映这些差异的解释变量会得到有偏的估计结果。空间单元具有不随时间变化的内在属性，这些内在属性会影响被解释变量，而这些内在属性又通常是无法观测的。解决该问题的办法是：引入反映空间单元个体性质的截距项 μ_i，用来代表未能以解释变量的形式引入模型的但是对被解释变量又有影响的空间单元的个体性质，个体性质在每一期是固定的不随时间变化的；此外，引入反映时期效应的截距项 ζ_t，用来弥补遗漏时期效应可能导致的有偏的估计。

$$Y_t = \delta W Y_t + \alpha_{\iota N} + X_t \beta + W X_t \theta + u + \zeta_{t \iota N} + u_t$$
$$u_t = \lambda W_{ut} + \epsilon_t \tag{8-15}$$

其中，$\mu = (\mu_1, \mu_2, \cdots, \mu_N)^T$，空间和时间效应可以处理为固定效应或随机效应。在固定效应中，通过引入代表截面单元或时期的虚拟变量来反映空间单元效应和时期效应；在随机效应中，将 μ_i，ζ_t 视为独立同分布的随机变量，期望为 0，方差分别为 δ_μ^2、δ_ζ^2，假定 μ_i，ζ_t，ϵ_{it} 之间相互独立。

如果截面单元构成的是一个总体而不是样本，那么应该选择固定效应模型，因为此时每个截面单元的个体效应是固定的，每一个截面单元代表的是其自身，而不是像在随机抽样中抽中的样本代表的总体（Beenstock & Felsenstein，2007）。在空间模型中，研究者几乎不会采用随机抽样的方法获得样本，而是将研究范围选定为一片连续区域的相邻空间单元。随机抽样获得的空间单元可能不相邻，难以构建空间权重矩阵，对于不相邻的空间单元也无法研究其空间溢出效应。因此，空间模型中的样本往往就是总体本身。在空间计量模型中采用固定效应模型比随机效应模型更加合理，因为在空间计量研究中的样本通常都是在一片不可分割的地域总相邻的空间单元，如一个国家的所有省份，或者一个省份的所有县。

三、实证分析

（一）模型设定

为了考察基础设施对农业全要素生产率的空间溢出效应，建立 GNS 模型如下：

$$tfp_{it} = \alpha + \beta_1 inf_r \alpha_{it} + \beta_2 agrlabor_{it} + \beta_3 industry_{it} + \beta_4 mechanical_{it} + \beta_5 edu_{it} +$$
$$\beta_6 affected_{it} + \delta Wtfp_{it} + \theta Winfra_{it} + \mu_i + \zeta_t + u_{it}$$
$$u_{it} = \lambda Wu_{it} + \epsilon_{it} \tag{8-16}$$

被解释变量是全要素生产率，解释变量包括目标变量农村基础设施 infra 和五个控制变量 agrlabor，industry，mechanical，edu，affected，为了考察基础设施的空间溢出效应，在模型中引入了 $Wtfp_{it}$ 代表内生的溢出效应，$Winfra_{it}$ 代表外生的溢出效应。

（二）样本数据和变量定义

本章的研究样本是我国 31 个省级行政区域，样本期间为 1986 ~ 2015 年。1988 年撤销了广东省海南行政区，1997 年新设重庆市为直辖市，在空间面板数据模型中要求平衡面板数据，因此对于 1986 ~ 1988 年广东的数据利用插值法分割成了广东和海南，对于 1986 ~ 1995 年四川的数据利用插值法分割成了重庆和四川，截面单元数为 31，观测期数为 30 期。数据主要源于历年《中国农村统计年鉴》、《改革开放三十年统计资料汇编》、历年《中国农业年鉴》和历年《中国农村住户统计年鉴》。

农村公路（Road）：各省区市农村公路密度用农村公路密度除以行政区域面积反映，单位为千米/平方千米。对于农村地区道路发达程度，通常有两类反映指标：一是公路总里程；二是公路密度。我国各省区地域面积相差较大，公路密度相对于公路总里程是一个更好地衡量农村公路投资的指标。我国现行统计制度中关于公路里程的分类统计，一是按照公路的技术等级化分为高速公路、一级公路、二级公路、三级公路、四级公路和等外公路；二是根据行政等级划分为国道、省道、县道、乡道和村道。根据《农村公路建设管理办法》第二条第二款规定，农村公路包括县道、乡道和村道[①]。但是，在我国统计调查体系中并没有系统按照行政等级统计的县乡公路数据，因此要直接利用县乡道路数据面临困难。由于县乡道路的等级质量较低，因此采用公路总里程扣除高速公路和一级公路，也就是将二级公路、三级公路、四级公路和等外公路的总和视为农村公路。

农村电力（Power）：用农村用电量与农业增加值的比值反映，这一比值可以反映农业生产过程中的电气化水平，Chen 等（2008）的研究采用了此方法。

为了能对农村基础设施公共投资对农业全要素生产率的影响效应进行客观评价，在模型中还选取了对农业全要素生产率有显著影响的因素作为控制变量。在对现有文献进行借鉴的基础上，选择以下五个变量为控制变量。

农村劳动力行业结构（Agrlabor）：用各地区农林牧渔业从业人员占各地区乡村从业人员的比重来反映农业生产现代化、农村城镇化进程。一个地区农村劳动力中从事农业生产的劳动力比重越大，农村劳动力存在冗余，该地区的农业生产效率就越低。

产业结构（Industry）：我国幅员辽阔，地域之间的经济发展水平存在较大差异，用工业 GDP 占地区 GDP 的比重来反映一个地区的产业结构和区域经济发展水平。

农业机械化强度（Mechanical）：用农用机械总动力与农林牧渔业从业人数比重来衡量。农业机械化程度是农业生产现代化程度的重要标志，农业生产机械化程度越高，规模经济效应越明显。

劳动力教育水平（Education）：用农村劳动力的平均受教育年限反映农村劳动力素质。在《中国农村统计年鉴》中公布了各地区农村居民家庭劳动力文化状况，将文化状况划分为不识字或识字很少、小学、初中、高中、中专、大专及大专以上六个层次，统计出各个层次劳动力的比重。参考 Fan（2002）的算法，结合我国教育制度实际，不识字或识字很少人群的受教育年限定义为 0，小学程度的人受教育年限为 6 年，初中程度代表的受教育年限为 9 年，高中程度代表的受教育年限为 12 年，中专程度的受教育年限为 13 年，大专及大专以上的受教育

---

① 《农村公路建设管理办法》（交通部令 2006 年第 3 号）。

年限为 14 年，计算出各地区农村居民家庭劳动力的平均受教育年限作为农村教育投资的代理变量。

受灾比率（Affected）：为了控制农业自然灾害对农业生产的影响，引入受灾面积占总播种面积的比率本章变量描述性统计分析如表 8-3 所示。来反映各地区农业生产的气候条件。

表 8-3　变量描述性统计分析

变量符号	变量含义（单位）	Mean	Std. Dev.	Min	Max
Road	公路设施（千米/平方千米）	0.348	0.303	0.013	1.853
Power	电力设施（千瓦时/元）	0.091	0.099	0	0.874
Agrlabor	乡村劳动力从业结构	0.698	0.164	0.185	0.960
Industry	工业化强度	0.425	0.093	0.075	0.685
Mechanical	机械化强度（千瓦/人）	1.941	1.548	0	7.856
Education	农村劳动力平均受教育年数（年）	6.857	1.342	1.487	9.02
Affected	受灾比率	0.314	0.155	0	0.936

（三）空间相关分析

1. Moran's I 空间自相关系数

Moran 在 1950 年提出了 Moran 指数，用来测度空间自相关性，反映研究单元之间的空间相关程度。Moran's I 的计算公式如下：

$$I = \frac{N}{W} \frac{\sum_i \sum_j w_{ij}(x_i - \bar{x})(x_j - \bar{x})}{\sum_i (x_i - \bar{x})^2} \tag{8-17}$$

式中，N 代表空间单元数；W 是权重矩阵中所有的元素之和。Moran's I 的值与权重矩阵有关，常用的权重矩阵有相邻权重矩阵和距离导数矩阵等。Moran's I 指数的值介于 -1 到 1 之间（见图 8-1），Moran's I 指数为 -1 时代表不同取值的空间单元完全间隔排列；Moran's I 指数为 1 代表相同取值的空间单元聚集在一起；Moran's I 指数为 0 代表不存在空间自相关，空间单元值的分布是随机的。Moran's I 指数大于 0 意味着空间单元呈现高值和高值聚集、低值和低值单元聚集的特征；Moran's I 指数小于 0，则意味着高值的空间单元周围分布着低值的单元，低值单元周围又分布着高值单元。

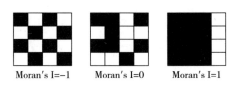

图 8 - 1　空间自相关系数示意

Moran's I 指数的期望和方差分别为：

$$E(I) = \frac{-1}{N-1} \tag{8-18}$$

$$Var(I) = \frac{NS_4 - S_3 S_5}{(N-1)(N-2)(N-3)W^2} - (E(I))^2 \tag{8-19}$$

其中，

$$S_1 = \frac{1}{2} \sum_i \sum_j (w_{ij} + \omega_{ji})^2$$

$$S_2 = \sum_i (\sum_j w_{ij} + \sum_j w_{ji})^2$$

$$S_3 = \frac{N^{-1} \sum_i (x_i - \bar{x})^4}{(N^{-1} \sum_i (x_i - \bar{x})^2)^2}$$

$$S_4 = (N^2 - 3N + 3)S_1 - NS_2 + 3W^2$$

$$S_5 = (N^2 - N)S_1 - 2NS_2 + 6W^2 [3]$$

将 Moran's I 进行标准化变化后可以对其进行显著性检验，以考察是否存在显著的空间自相关关系。

2. 农业全要素生产率空间自相关分析

为了反映农业全要素生产率的时空变化，选取 1990 年、2000 年、2010 年、2015 年四个年份整理各省份农业全要素生产率的四等分组表格。对某一年份的农业全要素生产率利用第一个四分位数、中位数、第三个四分位数分成四个梯队。从表 8 - 4 的四个年份的梯队分布可以看出，全要素生产率的空间集聚趋势日趋明显。为了描述 31 个省区市在地域上的集聚，把每一个梯队中相邻的省份定义为 1 个区块。海南在地理上是一个海岛，没有与其他省份在边界上接壤，因其与广东在地缘上最接近,所以定义海南与广东接壤。1990 年全要素生产率最高的第一梯队中有新疆、辽宁、吉林、天津、上海、广东和海南,在地域上处于5 个区块。2000 年全要素生产率居于 25% 以上的组别中除北京外,其他的省份已经全部聚集到东部沿海地区。2010 年第一梯队中增加了浙江,2015 年第一梯队的省份与 2000 年相同,农业全要素生产率最高的省份向东部沿海地区聚集。

表 8-4　各省份农业全要素生产率梯队分布

梯队	1990 年各省份农业全要素生产率分布								区块
1	广东	海南	上海	辽宁	天津	新疆	吉林		5
2	江苏	北京	福建	黑龙江	湖北	四川	重庆	江西	河北	4
3	河南	浙江	陕西	山西	湖南	内蒙古	山东		3
4	贵州	云南	甘肃	广西	安徽	青海	宁夏	西藏	2
梯队	2000 年各省份农业全要素生产率分布								区块
1	上海	广东	海南	福建	江苏	辽宁	北京		2
2	江西	吉林	湖北	黑龙江	浙江	山东	天津	陕西	2
3	广西	河南	新疆	河北	四川	重庆	湖南		5
4	安徽	贵州	山西	西藏	内蒙古	甘肃	青海	云南	宁夏	1
梯队	2010 年各省份农业全要素生产率分布								区块
1	上海	广东	福建	海南	辽宁	江苏	浙江	北京	4
2	山东	湖北	吉林	河南	江西	河北	天津	新疆	4
3	湖南	陕西	广西	安徽	黑龙江	山西	四川	重庆	4
4	甘肃	宁夏	内蒙古	青海	云南	西藏	贵州		1
梯队	2015 年各省份农业全要素生产率分布								区块
1	上海	海南	广东	福建	江苏	北京	辽宁		4
2	湖北	吉林	山东	浙江	广西	河北	河南	天津	4
3	陕西	新疆	安徽	江西	湖南	黑龙江	宁夏	山西	4
4	四川	重庆	甘肃	青海	云南	内蒙古	贵州	西藏	1

第四梯队在 1990 年是贵州、云南、甘肃、广西、安徽、青海、宁夏和西藏,只有安徽与第四梯队的其余 7 个省份没有近邻关系;2000 年第四梯队中增加了内蒙古和宁夏;2010 年和 2015 年第四梯队的省份都有近邻关系,第四梯队在这三个年份都形成了连续的区块,表明农业全要素生产率最低的省区市在向我国西北

和西南地区聚集。我国农业全要素生产率空间集聚效应日趋显著，东部沿海地区聚集了农业全要素生产率最高的省份，而西部地区聚集全要素生产率较低的省份。

表 8-5 报告了农业全要素生产率在 1990~2015 年每间隔 5 年的 Moran's I 指数，当采用邻近矩阵时，我国省份层面的农业全要素生产率的 Moran's I 指数都是大于 0 的，除 1990 年外，其余 5 个年份 Moran's I 指数都在 1% 的水平上显著；若是采用空间单元中心距离的倒数为权重矩阵，估计出的 Moran's I 指数也都是大于 0 的，6 个年份 Moran's I 指数都在 5% 的水平上显著。我国省区市层面的农业全要素生产率呈现了空间聚集的趋势，农业全要素生产率指数高的省份在地域上聚集在一起，农业全要素生产率指数低的省份在地域上聚集在一起，空间自相关程度明显。

表 8-5　TFP 的 Moran's I 指数

权重矩阵：近邻矩阵						
年份	Variables	I	E (I)	sd (I)	z	p - value*
1990	tfp	0. 127	- 0. 033	0. 118	1. 360	0. 087
1995	tfp	0. 372	- 0. 033	0. 118	3. 431	0. 000
2000	tfp	0. 394	- 0. 033	0. 114	3. 767	0. 000
2005	tfp	0. 243	- 0. 033	0. 103	2. 689	0. 004
2010	tfp	0. 245	- 0. 033	0. 106	2. 636	0. 004
2015	tfp	0. 279	- 0. 033	0. 108	2. 899	0. 002
权重矩阵：空间单元中心距离的倒数						
1990	tfp	0. 021	- 0. 033	0. 032	1. 696	0. 045
1995	tfp	0. 080	- 0. 033	0. 032	3. 548	0. 000
2000	tfp	0. 077	- 0. 033	0. 031	3. 591	0. 000
2005	tfp	0. 031	- 0. 033	0. 028	2. 312	0. 010
2010	tfp	0. 031	- 0. 033	0. 029	2. 238	0. 013
2015	tfp	0. 043	- 0. 033	0. 029	2. 615	0. 004

3. 农村公路设施的空间自相关分析

为了反映农村公路设施的时空变化，选取 1990 年、2000 年、2010 年、2015

年四个年份各省份农村公路密度编制了四等分组表格，如表8-6所示。对某一年份的31个省份的农村公路密度数据利用其第一个四分位数、中位数、第三个四分位数分成四个梯队。

表8-6 各省份农村公路密度梯队分布

梯队	1990年各省份农村公路分布								区块
1	北京	上海	海南	天津	福建	广东	浙江		2
2	浙江	湖南	辽宁	山东	河南	湖北	江苏	河北	1
3	安徽	江西	山西	陕西	贵州	四川	重庆	广西	云南	2
4	吉林	宁夏	黑龙江	甘肃	内蒙古	青海	西藏	新疆	1
梯队	2000年各省份农村公路分布								区块
1	北京	上海	广东	海南	福建	天津	山东		3
2	浙江	河南	辽宁	湖南	河北	湖北	江苏	安徽	山西	1
3	江西	陕西	贵州	云南	四川	重庆	广西		2
4	吉林	宁夏	黑龙江	甘肃	内蒙古	青海	西藏	新疆	1
梯队	2010年各省份农村公路分布								区块
1	北京	上海	广东	海南	福建	天津	山东		3
2	浙江	河南	辽宁	河北	湖南	湖北	江苏	安徽	1
3	山西	陕西	广西	安徽	黑龙江	江西	四川	重庆	2
4	甘肃	宁夏	内蒙古	青海	云南	西藏	贵州	新疆	1
梯队	2015年各省份农村公路分布								区块
1	北京	上海	广东	海南	福建	天津	山东		3
2	浙江	河南	辽宁	江苏	河北	湖南	湖北	安徽	1
3	山西	陕西	重庆	广西	安徽	黑龙江	江西	四川	2
4	甘肃	宁夏	内蒙古	青海	云南	西藏	贵州	新疆	1

1990年，农村公路密度最高的第一阵营中有东南沿海的福建、广东、海南，北京、天津、上海和山东，公路密度呈现由东部向西部逐层降低的趋势，这与我国人口分布的地域特征相似。2000年、2010年及2015年，四个梯队的省份构成没有明显变化，农村公路网最发达的地区集中在东南沿海地区和京津沪三个直辖市，公路网最不发达的省份集中在西南和西北地区，农村公路在空间上的聚集程度明显，第二梯队和第四梯队的省份在空间上都是有近邻关系的地区，形成了地

域上连续的一块区域。

表 8 - 7 报告了农村公路密度在 1990 ~ 2015 年每间隔 5 个年份的 Moran's I 指数，无论采用近邻权重矩阵或是空间单元中心距离的倒数作为权重矩阵，Moran's I 指数在典型年份的数值都大于 0，并且在 1% 的水平下高度显著，表明农村公路网在各个省份呈现相似集聚的形态，农村公路发达的地区对周边地区公路网的建设有辐射作用，会带动周边地区公路网的建设。

表 8 - 7　农村公路密度的 Moran's I 指数

权重矩阵：近邻矩阵						
年份	Variables	I	E (I)	sd (I)	z	p – value*
1990	road	0.503	- 0.033	0.115	4.668	0.000
1995	road	0.449	- 0.033	0.114	4.219	0.000
2000	road	0.514	- 0.033	0.116	4.733	0.000
2005	road	0.539	- 0.033	0.113	5.048	0.000
2010	road	0.658	- 0.033	0.117	5.897	0.000
2015	road	0.657	- 0.033	0.117	5.884	0.000
权重矩阵：空间单元中心距离的倒数						
1990	road	0.096	- 0.033	0.031	4.158	0.000
1995	road	0.086	- 0.033	0.031	3.850	0.000
2000	road	0.103	- 0.033	0.031	4.364	0.000
2005	road	0.107	- 0.033	0.031	4.562	0.000
2010	road	0.148	- 0.033	0.032	5.718	0.000
2015	road	0.145	- 0.033	0.032	5.622	0.000

4. 农村电力设施的空间自相关分析

采用农业用电量与农业总产值的比重来作为农村电力设施发展的代理变量。农业用电量是本年度内农业生产（包括农作物种植业、林业、牧业、副业和渔业）过程中所消耗的全部用电量，按全年累计的千瓦小时数统计，主要来自农村自办电站的供电量。在排除气候因素的前提下，农业用电增速主要驱动力源于农村电网改造。将农业用电量除以农业总产值后得到的比值，代表了每单位农业总产值消耗的农业用电量，能反映农村电力设施的发展的情况。

1990 年农村电力设施排列在前 25% 属于第一梯队的省份有京津沪、浙江、江苏、陕西、辽宁和陕西，从地域上分为四个区块；排列在最后 25% 的省份第四梯队有安徽、青海、云南、广西、贵州、海南和西藏，分为两个大的区块。2010 年，农村电力设施最发达的地区开始向东部沿海地区转移，位列前 25% 的省份是上海、浙江、江苏、河北、天津、广东和辽宁，在第四梯队的省份有海南、甘肃、宁夏、内蒙古、青海、云南、西藏和贵州。2015 年各省区市的排位与 2010 年相近。农村电力设施在省份间的空间集聚形态日趋明显，电力设施最发达的地区主要分布在东部沿海，中西部地区的内蒙古、新疆、青海、贵州等地，这些地区大力发展风力、太阳能等光伏发电产业，推动了农村电网的发展。

表 8-8　各省份农村电力设施梯队分布

梯队	1990 年各省份农业生产用电强度分布								区块
1	上海	天津	北京	浙江	江苏	山西	辽宁	陕西	4
2	宁夏	河北	山东	甘肃	湖南	广东	河南	福建	3
3	吉林	内蒙古	湖北	新疆	黑龙江	四川	重庆	江西	2
4	安徽	青海	云南	广西	贵州	海南	西藏		2
梯队	2000 年各省份农业生产用电强度分布								区块
1	上海	广东	福建	海南	辽宁	江苏	浙江		4
2	北京	山东	湖北	吉林	河南	江西	河北	天津	4
3	新疆	湖南	陕西	广西	安徽	黑龙江	山西	四川	重庆	1
4	甘肃	宁夏	内蒙古	青海	云南	西藏	贵州		5
梯队	2010 年各省份农业生产用电强度分布								区块
1	上海	浙江	江苏	辽宁	河北	天津	广东		3
2	山东	北京	山西	河南	陕西	湖南	福建		3
3	新疆	陕西	安徽	黑龙江	山西	四川	重庆	广西	2
4	海南	甘肃	宁夏	内蒙古	青海	云南	西藏	贵州	2
梯队	2015 年各省份农业生产用电强度分布								区块
1	上海	浙江	江苏	辽宁	天津	河北	广东		3
2	山东	北京	山西	陕西	河南	湖南	福建		3
3	新疆	陕西	安徽	黑龙江	山西	四川	重庆	广西	2
4	海南	甘肃	宁夏	内蒙古	青海	云南	西藏	贵州	2

自"十二五"时期实施农村电网改造升级工程以来，农村电网结构大幅改善，电力供应能力明显提升，管理体制基本理顺，同网同价基本实现，彻底解决了无电人口用电问题。但受自然环境条件、历史遗留问题等各种因素制约，城乡电力服务差距较为明显，农村地区电力保障能力与日益增长的用电需求不相适应，贫困地区以及偏远少数民族地区电网建设相对滞后。

表8-9报告了农村电力设施1990~2015年每隔5年的Moran's I指数，除1995年外，其余5个年份的Moran's I指数都大于0，在1%的水平下高度显著，并且呈现逐期增加的趋势。这表明我国各省份电力设施的发展呈现出了空间集聚的状态，电力设施发达的地区集中在东部沿海，电力设施欠发达的地区集中在西部山区。

表8-9　农村电力设施的 Moran's I 指数

权重矩阵：近邻矩阵						
年份	Variables	I	E (I)	sd (I)	z	p - value *
1990	electricity	0.419	-0.033	0.111	4.069	0.000
1995	electricity	0.027	-0.033	0.108	0.562	0.287
2000	electricity	0.344	-0.033	0.113	3.342	0.000
2005	electricity	0.454	-0.033	0.108	4.519	0.000
2010	electricity	0.467	-0.033	0.103	4.871	0.000
2015	electricity	0.467	-0.033	0.098	5.094	0.000
权重矩阵：空间单元中心距离的倒数						
1990	electricity	0.108	-0.033	0.030	4.693	0.000
1995	electricity	-0.008	-0.033	0.029	0.859	0.195
2000	electricity	0.060	-0.033	0.031	3.035	0.001
2005	electricity	0.075	-0.033	0.029	3.701	0.000
2010	electricity	0.077	-0.033	0.028	3.962	0.000
2015	electricity	0.077	-0.033	0.027	4.126	0.000

（四）空间计量实证分析

1. 农村公路对农业增长的空间溢出效应

（1）模型估计结果和模型选择。GNS 模型中的基础设施变量 infra 用农村公路 road 来代表。在表 8 - 8 中第 1 列报告了不含空间效应的面板数据模型的估计结果。对面板数据模型进行检验了空间效应的各类检验，结果列示在表 8 - 7 中。第一个假设检验是对面板数据的误差项是否存在自相关进行检验，对 GLOBAL Moran MI、GLOBAL Geary GC 及 GLOBAL Getis - Ords GO 的指数显著性检验都表明误差项存在空间自相关，LM Error（Burridge）及 LM Error（Robust）在 1% 的显著性水平上拒绝了误差项不存在空间自相关的原假设。第二个假设检验是对面板数据的被解释变量是否存在自相关进行检验，LM Lag（Anselin）和 LM Lag（Robust）检验在 1% 的显著性水平下拒绝了被解释变量不存在空间自相关的原假设。第三个假设检验对是否存在空间自相关的一般性检验，也就是检验模型中是否存在任何形态的空间自相关，LM SAC 检验在 1% 的显著性水平下拒绝了不存在空间自相关的原假设。因此，采用面板数据模型来研究农村公路设施和农业全要素生产率之间的关系是存在缺陷的。

表 8 - 10　面板数据模型的空间自相关检验（农村公路）

Ho：Error has No Spatial Auto Correlation			
Ha：Error has Spatial Auto Correlation			
GLOBAL Moran MI	0. 146	P - value > Z（5. 751）	0. 000
GLOBAL Geary GC	0. 685	P - value > Z（- 7. 397）	0. 000
GLOBAL Getis - Ords GO	- 0. 141	P - value > z（- 5. 751）	0. 000
Moran MI Error Test	5. 845	P - Value > Z（227. 492）	0. 000
LM Error（Burridge）	31. 302	P - Value > Chi2（1）	0. 000
LM Error（Robust）	37. 958	P - Value > Chi2（1）	0. 000
Ho：Spatial Lagged Dependent Variable has No Spatial Auto Correlation			
Ha：Spatial Lagged Dependent Variable has Spatial Auto Correlation			
LM Lag（Anselin）	0. 036	P - Value > Chi2（1）	0. 850
LM Lag（Robust）	6. 692	P - Value > Chi2（1）	0. 000
Ho：No General Spatial Auto Correlation			
Ha：General Spatial Auto Correlation			
LM SAC（LMErr + LMLag_ R）	37. 994	P - Value > Chi2（2）	0. 000
LM SAC（LMLag + LMErr_ R）	37. 994	P - Value > Chi2（2）	0. 000

表 8 - 10 的第 2 列报告了 SAR 模型的结果，Wtfp 的系数为 0. 404，在 5% 的

显著性水平上显著，对 SAR 模型中的空间滞后项的显著性进行 wald 检验，p 值接近 0，表明空间面板模型优于一般面板模型。

SLX 模型中的解释变量的空间滞后项 Wroad 不显著，并且在 wald 检验中，wald 检验统计量的值为 0.24，自由度为 1，对应的 p 值为 0.622，所以 SLX 模型不合适。

SAC 模型中的被解释变量空间滞后项 Wtfp 不显著，随机误差项的空间滞后项显著，对 SAC 模型中的空间效应进行 wald 检验，p 值接近 0，表明空间滞后项显著。SEM 模型中的随机误差项的空间滞后项显著，通过 wald 检验也表明空间滞后项显著。此外，利用似然比检验，SEM 模型相对于 SAC 模型是受限模型，$-2[-243.601-(-243.429)]=0.344$，不能拒绝受限模型 SEM，也表明 SEM 模型优于 SAC 模型。

SDM 模型中的被解释变量空间滞后项 Wtfp 显著，解释变量的空间滞后项 Wroad 不显著。前述 SAR 模型的被解释变量空间滞后项 Wtfp 高度显著。利用似然比检验，受限模型 SAR 模型的极大似然函数值为 -264.925，非受限模型 SDM 模型的极大似然函数值为 -264.524，似然比检验统计量的值为 0.824，在 10% 的水平下不显著，不拒绝受限模型表，因此 SAR 模型优于 SDM 模型。

SDEM 模型中的解释变量的空间滞后项 Wroad 和随机误差项的空间滞后项都高度显著，wald 检验也发现空间滞后项高度显著。GNS 模型中被解释变量空间滞后项 Wtfp 不显著，解释变量的空间滞后项 Wroad 和随机误差项的空间滞后项都高度显著，wald 检验表明空间滞后项高度显著。利用似然比检验，受限模型 SDEM 模型的极大似然函数值为 -239.876，非受限模型 GNS 模型的极大似然函数值为 -239.685，似然比检验统计量的值为 0.382，在 10% 的水平下不显著，不拒绝受限模型表，因此 SDEM 模型优于 GNS 模型。

由于在 SEM 模型中只纳入了随机误差项的空间滞后项，无法研究模型中关键的解释变量公路基础设施对农业全要素生产率的空间溢出效应（见表 8 – 11），因此综合考虑，比较合适的模型是 SAR 模型和 SDEM 模型。从系数的估计值和显著性来看，SAR 模型和 SDEM 模型的估计结果差别不大，因而接下来将对以 SDEM 模型为例的结果进行详细的解释，对 SAR 模型结果的解释可以参考对 SDEM 模型的结果的解释，在此就不一一赘述。

表 8 – 11　空间模型之间的比较（农村公路）

模型简称	空间溢出效应	模型选择
SLX	Wroad	拒绝 SLX 模型，Wroad 的系数不显著
SEM	Wu	SAC 模型中的 Wtfp 不显著，SEM 模型优于 SAC 模型
SAC	Wtfp，Wu	
SAR	Wtfp	SAR 模型中的 Wroad 不显著，SAR 模型优于 SDM 模型
SDM	Wtfp，Wroad	
SDEM	Wroad，Wu	GNS 模型中的 Wtfp 不显著，SDEM 模型优于 GNS 模型
GNS	Wtfp，Wroad，Wu	

在 SDEM 模型中 road 的系数为 1. 319，在 1% 的水平下高度显著，表明公路对农业全要素生产率的直接影响，某个省区市每平方千米增加 1 千米农村公路，将会使该省区市的农业全要素生产率平均提高 1. 548。road 的空间滞后项的系数是 0. 582，在 1% 的水平上显著，其含义比较特殊，将在下一节分析。

接下来分析模型中的控制变量系数的估计结果（见表 8 – 12 和表 8 – 13）。农业劳动力比重 agrlabor 的系数不显著，表明农业劳动力在乡村劳动力的比重对农业全要素生产率没有显著影响。工业产值比重 industry 的系数是 – 1. 965，在 1% 的水平上显著，表明工业化程度越高，农业全要素生产率越高，说明工业化未能推动农业的增长，反而在一定程度上转移了农业生产中的资金、劳动力等生产要素资源。机械化强度 mechanical 的系数为 – 0. 256，在 1% 的水平上显著，反映了机械化程度越高的地区，农业全要素生产率反而越低。农村劳动力受教育程度 edu 的系数为 0. 266，在 1% 的水平下高度显著，表明农村劳动力平均受教育每增加 1 年，农业全要素生产率平均增加 0. 266。受灾比率 affected 的系数不显著，表明恶劣气候条件对农业全要素生产率没有显著影响。

表 8 – 12　PANEL、SAR、SEM 和 SLX 模型估计结果（农村公路）

	(1)	(2)	(3)	(4)
	PANEL	SAR	SEM	SLX
road	1. 534 ***	1. 252 ***	1. 569 ***	1. 461 ***
	(0. 091)	(0. 092)	(0. 108)	(0. 173)

续表

	(1)	(2)	(3)	(4)
	PANEL	SAR	SEM	SLX
agrlabor	-0.717*	-0.259	-0.241	-0.645
	(0.369)	(0.351)	(0.367)	(0.396)
industry	-2.189***	-1.967***	-1.993***	-2.187***
	(0.332)	(0.312)	(0.349)	(0.330)
mechanical	-0.181***	-0.202***	-0.245***	-0.183***
	(0.025)	(0.024)	(0.027)	(0.026)
edu	0.163***	0.163***	0.269***	0.165***
	(0.032)	(0.030)	(0.042)	(0.032)
affected	-0.004	0.012	-0.041	-0.004
	(0.112)	(0.105)	(0.109)	(0.111)
_ cons	1.416***			
	(0.489)			
W:				
tfp		0.404***		
		(0.049)		
e. tfp			0.519***	
			(0.044)	
road				0.110
				(0.224)
sigma_ e:				
_ cons		0.344***	0.329***	0.365***
		(0.009)	(0.009)	(0.010)
N	930	930	930	930
ll	-290.990	-264.925	-243.601	-293.916
aic	595.980	545.851	503.202	603.832
bic	628.264	582.747	540.098	640.728
Wald test for		68.700***	138.730***	0.24
spatial terms		(1)	(1)	(1)

注：*表示在10%的水平上显著，**表示在5%的水平上显著，***表示在1%的水平上显著。本章下同。

表 8 - 13　SAC、SDM、SDEM 和 GNS 模型估计结果（农村公路）

	（1）	（2）	（3）	（4）
	SAC	SDM	SDEM	GNS
road	1.548 ***	1.373 ***	1.319 ***	1.326 ***
	(0.113)	(0.163)	(0.140)	(0.139)
agrlabor	- 0.229	- 0.374	0.155	0.176
	(0.367)	(0.373)	(0.391)	(0.392)
industry	- 2.000 ***	- 1.965 ***	- 1.925 ***	- 1.906 ***
	(0.348)	(0.311)	(0.349)	(0.351)
mechanical	- 0.246 ***	- 0.199 ***	- 0.256 ***	- 0.255 ***
	(0.027)	(0.024)	(0.027)	(0.028)
edu	0.263 ***	0.159 ***	0.266 ***	0.271 ***
	(0.043)	(0.030)	(0.042)	(0.043)
affected	- 0.039	0.013	- 0.038	- 0.040
	(0.110)	(0.105)	(0.109)	(0.108)
W：				
tfp	0.048	0.411 ***		- 0.054
	(0.081)	(0.049)		(0.087)
e.tfp	0.495 ***		0.535 ***	0.559 ***
	(0.061)		(0.043)	(0.056)
road		- 0.191	0.582 ***	0.644 ***
		(0.213)	(0.213)	(0.236)
sigma_ e：				
_ cons	0.330 ***	0.343 ***	0.326 ***	0.325 ***
	(0.009)	(0.009)	(0.009)	(0.009)
N	930	930	744	930
ll	- 243.429	- 264.524	- 239.876	- 239.685
aic	504.858	547.048	497.751	499.370
bic	546.366	588.556	539.260	545.490
Wald test for spatial terms	131.850 *** Chi (2)	70.18 *** Chi (2)	157.69 *** Chi (2)	170.43 *** Chi (3)

（2）直接效应和间接效应分析。

要考察空间模型中是否存在溢出效应，要检验解释变量的间接效应是否显著，而不是考察内生溢出效应变量 WY 和外生溢出效应变量 WX 的系数显著性。

表 8 - 14 报告了 SAR 模型和 SDEM 模型中 road 的直接效应和间接效应分析。在 SAR 模型中公路基础设施对农业全要素生产率的直接效应是 1.307，代表样本中 31 个省份某一个截面单元农村公路每变化 1 单位对本单元农业全要素生产率的影响效应的平均值是 1.307，间接效应为 0.765，代表某一个截面单元的农村公路 1 单位的变动引致的其他截面单元的农业全要素生产率的平均变动是 0.765，二者之和代表了农村公路对农业全要素生产率的总效应为 2.073，其中直接效应占比 63.05%、间接效应占比 39.95%，间接效应高度显著，表明农村公路在省份之间对农业全要素生产率的空间溢出效应显著。

在 SDEM 模型中估计出的直接效应为 1.319、间接效应为 0.563，间接效应高度显著，与 SAR 模型接近，表明农村公路在各省份之间对农业全要素生产率的空间溢出效应显著。

表 8 - 14　农村公路对农业全要素生产率的直接效应和间接效应

SAR 模型				
	dtfp/droad	Std. Err.	z	P > z
直接效应	1.307	0.092	14.250	0.000
间接效应	0.765	0.140	5.470	0.000
总效应	2.073	0.179	11.550	0.000
SDEM 模型				
	dtfp/droad	Std. Err.	z	P > z
直接效应	1.319	0.140	9.440	0.000
间接效应	0.563	0.207	2.730	0.006
总效应	1.882	0.159	11.810	0.000

一个地区公路基础设施的增加会扩大该地区产品的市场规模，市场规模扩大后会带来一系列的规模效应，促进劳动力的进一步分工和专业化，从而增加产出、提高劳动生产率。因此一个地区基础设施投资不仅会带来当地经济的增长，也会促进周边地区经济的增长。毛其淋和盛斌（2012）的研究也发现，改革开放和地区之间的融合对中国的全要素生产率有显著的提升作用。

2. 电力对农业增长的溢出效应

模型估计结果和模型选择。广义嵌套 GNS 模型的基础设施变量 infra 用电力

electricity 来代表。在表 8 – 17 中第 1 列报告了不含空间效应的面板数据模型的估计结果。对面板数据模型进行空间效应的各类检验结果列示在表中。第一个假设检验是对面板数据的误差项是否存在自相关进行检验，对 GLOBAL Moran MI、GLOBAL Geary GC 及 GLOBAL Getis – Ords GO 的指数显著性检验都表明在 5% 的显著性水平下，拒绝了误差项不存在空间自相关的原假设。Moran MI Error Test、LM Error（Burridge）及 LM Error（Robust）在 10% 的显著性水平上拒绝了误差项不存在空间自相关的原假设。第二个假设检验是对面板数据的被解释变量是否存在自相关进行检验，LM Lag（Anselin）及 LM Lag（Robust）检验的 p 值分别为 0.789 和 0.620，在 10% 的显著性水平下不能拒绝原假设。第三个假设检验对是否存在空间自相关的一般性检验，也就是检验模型中是否存在任何形态的空间自相关，LM SAC 检验在 10% 的显著性水平下不能拒绝不存在空间自相关的原假设。因此，从面板数据来看，模型中存在误差项的空间自相关，需要利用空间模型来考察电力和农业全要素生产率之间的关系。

表 8 – 15   面板数据模型的空间自相关检验（农村电力）

Ho：Error has No Spatial Auto Correlation			
Ha：Error has Spatial Auto Correlation			
GLOBAL Moran MI	0..050	P – value > Z（1.990）	0.047
GLOBAL Geary GC	0.769	P – value > Z（– 5.867）	0.000
GLOBAL Getis – Ords GO	– 0.048	P – value > z（– 1.990）	0.047
Moran MI Error Test	2.016	P – Value > Z（78.361）	0.044
LM Error（Burridge）	3.632	P – Value > Chi2（1）	0.057
LM Error（Robust）	3.806	P – Value > Chi2（1）	0.051
Ho：Spatial Lagged Dependent Variable has No Spatial Auto Correlation			
Ha：Spatial Lagged Dependent Variable has Spatial Auto Correlation			
LM Lag（Anselin）	0.071	P – Value > Chi2（1）	0.789
LM Lag（Robust）	0.246	P – Value > Chi2（1）	0.620
Ho：No General Spatial Auto Correlation			
Ha：General Spatial Auto Correlation			
LM SAC（LMErr + LMLag_ R）	3.878	P – Value > Chi2（2）	0.144
LM SAC（LMLag + LMErr_ R）	3.878	P – Value > Chi2（2）	0.144

接下来，对表 8 - 16 中包含有空间滞后项的模型的估计结果进行讨论。SAR、SEM 和 SLX 模型中的空间滞后项都高度显著，如果将面板数据的模型作为基准模型，也就是原假设，这三个模型分别作为备择假设，从 LM 检验来看，在 1% 的显著性水平下都拒绝了面板数据模型，SAR、SEM 和 SLX 模型比面板数据模型更优。

SAC 模型中随机误差项的空间滞后项的系数不显著，SAC 模型相对 SAR 而言不具有优势。SDM 模型中包括了被解释变量的空间滞后项和解释变量的空间滞后项，这两个滞后项的系数都显著，从 LM 检验来看，优于 SAR 和 SLX 模型。SDEM 模型中包括了解释变量的空间滞后项和随机误差项的空间滞后项，这两个滞后项的系数都显著，从 LM 检验来看，优于 SEM 和 SLX 模型。

GNS 模型中包括了被解释变量的空间滞后项，解释变量的空间滞后项和随机误差项的空间滞后项三项系数都显著，从 LM 检验来看，优于 SAR、SEM、SLX 模型，并且该模型的 AIC、BIC 在所有模型是最小的，所以比较而言，采用 GNS 模型最合适。

表 8 – 16　空间模型之间的比较（农村电力）

模型简称	空间溢出效应	模型选择
SLX	Welectricity	Wu 的系数显著，SDEM 模型优于 SLX 模型 Welectricity 显著，SDEM 优于 SEM
SEM	Wu	
SDEM	Welectricity，Wu	
SEM	Wu	SAC 模型中的 Wtfp 不显著，SEM 模型优于 SAC 模型
SAC	Wtfp，Wu	
SAR	Wtfp	SAR 模型中的 Welectricity 显著，SDM 模型优于 SAR 模型
SDM	Wtfp，Welectricity	
SDM	Wtfp，Welectricity	GNS 模型优于 SDM 模型，GNS 模型优于 SDEM 模型
SDEM	Welectricity Wu	
GNS	Wtfp，Welectricity，Wu	

GNS 模型中的 electricity 系数为 2.985，在 1% 的水平下高度显著，表明电力对农业全要素生产率的直接影响，某个省区市单位农业产值每增加 1 千瓦时用电量，将使该省区市的农业全要素生产率平均提高 2.058。electricity 的空间滞后项

系数是 0.704，在 1% 的水平上显著，其含义比较特殊，将在下一节分析。

接下来分析模型中的控制变量系数的估计结果（见表 8 - 17 和表 8 - 18）。农业劳动力比重 agrlabor 的系数不显著，表明农业劳动力在乡村劳动力的比重对农业全要素生产率没有显著影响。工业产值比重 industry 的系数是 - 1.981，在 1% 的水平上显著，表明工业化程度越高，农业全要素生产率越高，说明工业化未能推动农业的增长，反而在一定程度上转移了农业生产中的资金、劳动力等生产要素资源。机械化强度 mechanical 的系数为 - 0.191，在 1% 的水平上显著，反映了机械化程度越高的地区，农业全要素生产率反而越低。农村劳动力受教育程度 edu 的系数为 0.305，在 1% 的水平下高度显著，表明农村劳动力平均受教育年数每增加 1 年，农业全要素生产率平均增加 0.305。受灾比率 affected 的系数不显著，表明恶劣气候条件对农业全要素生产率没有显著影响。

表 8 - 17　PANEL、SAR、SEM 和 SLX 模型估计结果（农村电力）

	(1)	(2)	(3)	(4)
	PANEL	SAR	SEM	SLX
electricity	4.282 ***	3.485 ***	3.250 ***	2.860 ***
	(0.254)	(0.260)	(0.330)	(0.300)
agrlabor	- 2.326 ***	- 1.615 ***	- 1.161 ***	- 1.660 ***
	(0.334)	(0.328)	(0.431)	(0.329)
industry	- 2.895 ***	- 2.565 ***	- 2.828 ***	- 2.638 ***
	(0.322)	(0.307)	(0.359)	(0.309)
mechanical	- 0.055 **	- 0.098 ***	- 0.192 ***	- 0.056 **
	(0.025)	(0.024)	(0.033)	(0.024)
edu	0.084 ***	0.099 ***	0.337 ***	0.073 **
	(0.032)	(0.030)	(0.053)	(0.030)
affected	- 0.178	- 0.132	- 0.169	- 0.162
	(0.111)	(0.105)	(0.114)	(0.106)
_ cons	3.333 ***			
	(0.454)			
W:				
tfp		0.388 ***		
		(0.050)		

续表

	（1）	（2）	（3）	（4）
	PANEL	SAR	SEM	SLX
e. tfp			0. 523 ***	
			(0. 062)	
electricity				3. 906 ***
				(0. 487)
sigma_ e：				
_ cons		0. 345 ***	0. 342 ***	0. 349 ***
		(0. 009)	(0. 010)	(0. 009)
N	930	930	930	930
ll	− 289. 507	− 266. 494	− 272. 992	− 261. 856
aic	593. 014	548. 989	561. 984	539. 711
bic	625. 298	585. 885	598. 880	576. 607
Wald test for		60. 910 ***	71. 690 ***	64. 250 ***
spatial terms		(1)	(1)	(1)

表 8 – 18 　SAC、SDM、SDEM 和 GNS 模型估计结果（农村电力）

	（1）	（2）	（3）	（4）
	SAC	SDM	SDEM	GNS
electricity	3. 475 ***	2. 555 ***	2. 985 ***	3. 476 ***
	(0. 261)	(0. 296)	(0. 256)	(0. 272)
agrlabor	− 1. 603 ***	− 1. 256 ***	− 0. 495	− 0. 394
	(0. 328)	(0. 327)	(0. 358)	(0. 345)
industry	− 2. 524 ***	− 2. 440 ***	− 2. 225 ***	− 1. 981 ***
	(0. 345)	(0. 302)	(0. 337)	(0. 334)
mechanical	− 0. 092 ***	− 0. 089 ***	− 0. 200 ***	− 0. 191 ***
	(0. 033)	(0. 024)	(0. 028)	(0. 026)
edu	0. 089 *	0. 087 ***	0. 269 ***	0. 305 ***
	(0. 047)	(0. 030)	(0. 043)	(0. 044)
affected	− 0. 128	− 0. 130	− 0. 139	− 0. 134
	(0. 105)	(0. 103)	(0. 104)	(0. 099)

续表

	（1）	（2）	（3）	（4）
	SAC	SDM	SDEM	GNS
W:				
tfp	0.402***	0.299***		−0.367***
	(0.075)	(0.054)		(0.083)
e. tfp	−0.036		0.586***	0.717***
	(0.140)		(0.042)	(0.039)
electricity		3.055***	5.475***	6.704***
		(0.497)	(0.495)	(0.558)
sigma_ e:				
_ cons	0.345***	0.339***	0.312***	0.294***
	(0.010)	(0.009)	(0.009)	(0.009)
N	930	930	744	930
ll	−266.463	−247.730	−214.005	−204.732
aic	550.925	513.460	446.011	429.464
bic	592.434	554.968	487.519	475.585
Wald test for spatial terms	62.700*** Chi (2)	99.390*** Chi (2)	254.01*** Chi (2)	478.900*** Chi (3)

在 GNS 模型中电力基础设施对农业全要素生产率的直接效应是 3.071，代表样本中 31 个省区市某一个截面单元农业电力每变化 1 单位对本单元农业全要素生产率的影响效应是 1.307（见表 8 - 19）。间接效应也就是溢出效应为4.247，代表某一个截面单元的电力每变化 1 单位会引致其他截面单元的农业全要素生产率的平均变动是 4.247，两者之和代表了电力对农业全要素生产率的总效应为 7.317，其中直接效应占比 41.97%、间接效应占比 58.03%，间接效应高度地显著，表明电力在各省区市之间对农业全要素生产率的空间溢出效应显著。

SDM 模型和 SDEM 模型中报告出的直接效应和间接效应与 GNS 模型比较接近，研究结论一致。

表 8 – 19　农村电力对农业全要素生产率的直接效应和间接效应

GNS 模型				
	dy/dx	Std. Err.	z	P > z
直接效应	3.071	0.255	12.030	0.000
间接效应	4.247	0.437	9.720	0.000
总效应	7.317	0.468	15.630	0.000
SDM 模型				
	dy/dx	Std. Err.	z	P > z
直接效应	2.840	0.278	10.210	0.000
间接效应	4.988	0.634	7.870	0.000
总效应	7.828	0.609	12.860	0.000
SDEM 模型				
	dy/dx	Std. Err.	z	P > z
直接效应	2.985	0.256	11.640	0.000
间接效应	5.298	0.479	11.050	0.000
总效应	8.283	0.545	15.190	0.000

四、本章小结

　　本章采用空间模型探讨了农村基础设施对农业全要素生产率的空间溢出效应。基于我国省级层面 1986 ~ 2015 年的面板数据发现，农村公路设施和电力设施对农业全要素生产率的溢出效应明显，农村公路和电力设施的建设不仅能提升本地农业全要素生产率，同时对周边地区市的农业全要素生产率也有积极地提升作用。国家应该从全局层面对基础设施建设进行统筹规划，进行基础设施建设的战略部署，重视跨省份的基础设施建设的长远规划，实现区域协调发展，发挥基础设施的规模效应和网络效应。

第九章 结论与展望

一、结论

本书全面地考察了我国农村基础设施对农业全要素生产率的影响，对农村基础设施对农业全要素生产率的传导机制进行了分析，对比了不同区域、不同政策背景下农村基础设施对农业全要素生产率的影响效应的差异，还探究了农村基础设施对农业全要素生产率的空间溢出效应。本书的主要工作及研究结论如下：

第一，从长期效应分析，灌溉设施对农业全要素生产率的弹性最大，电力设施其次，公路最小。然而从短期效应分析，公路对农业全要素生产率的增加效应最大，灌溉设施其次，电力设施最小。研究结论说明在进行农村基础设施建设规划和投资决策时，基础设施建设的长期和短期政策重心应区别考虑，基础设施的长期投向应向灌溉和电力倾斜，而短期可向公路倾斜。

第二，农村基础设施的普及程度对农业技术效率有显著的推动作用。农村公路、铁路、有线电视、宽带和电商配送点的普及程度对农业技术效率有积极的促进作用。

第三，农村基础设施对农业全要素生产率有着积极的推动作用。在对农业全要素生产率、技术进步和技术效率进行测算的基础上，通过建立面板数据固定效应模型分析了公路、灌溉、电力对农业全要素生产率的影响效应及传导路径。公路主要是通过作用于技术进步对农业全要素生产率发生影响，灌溉设施主要是通过作用于技术效率对农业全要素生产率发生影响，而电力设施则对技术进步和技术效率都有明显的推动作用。

第四，对农村基础设施对农业全要素生产率的影响效应的区域差异进行了系统的研究。按照农业生产条件、农业经济发达程度、乡镇住户密度规模三个划分标准对我国的 31 个省份进行了区域划分，研究了农村基础设施投资的全要素生产率效应的区域差异。研究发现在以畜牧业为主的西北地区，公路对全要素生产率的影响最显著；在长江中下流域地区，灌溉和电力设施对全要素生产率的影响效应最突出。从农业经济发展水平的角度，在农业经济越发达的区域，公路、灌溉、电力投资都表现出了对农业全要素生产率更大的促进效应，表明在农业生产力越发达的地区基础设施投资的效应越易发挥。从乡镇住户规模的角度分析，公路在乡镇住户规模最大和最低的两个区域表明出更大的投资效应，表明公路投资应该向住户高度集中和高度分散的区域倾斜；灌溉和电力投资在住户规模大的区域也体现出了更大的投资效应，表明在农村行政体制改革下，集村并镇以及适度规模的集中居住有利于农村基础设施效应的发挥。

第五，城乡统筹时期的农村基础设施建设政策最适应农业经济发展，在这一阶段农村基础设施对农业增长的推动效应明显高于探索时期和改革时期。农村基础设施投资的资金筹措、决策机制和建设模式等体制性政策性因素对基础设施的农业增长效应存在显著影响。改革时期的农村基础设施投资体制相对效率最低，这一阶段的分税制改革形成的"事权层层下放，财权逐步上升、乡镇负担沉重"的体制降低了农村基础设施投资的效率。

第六，利用空间模型探讨了农村基础设施对农业全要素生产率的空间溢出效应。基于我国省级层面 1986～2015 年的面板数据发现，农村公路设施和电力设施对农业全要素生产率的溢出效应明显，农村公路和电力设施的建设不仅能提升本地农业全要素生产率，同时对周边地区的农业全要素生产率也有积极地提升作用。

二、政策建议

基于本书的研究结论，对我国农村基础设施建设和管理体制提出以下建议：

第一，农村基础设施建设要与现代农业的生产方式相适应，政府在加大农村基础设施投资的同时要提高农村基础设施投资的绩效。农村基础设施投资要以促进农业增长方式转型为目标，为集约化的农业生产方式提供物质保障。

第二，农村基础设施投资要因地制宜，结合区域农村生产条件、农业经济发达程度以及农户聚居程度，综合考虑不同类型农村基础设施投资的长短期效应，对农村基础设施投资进行科学规划、充分论证。

第三，建立和完善农村基础设施投资体制。建立科学规范的农村基础设施投资体制，提高资金使用效率，加强资金和劳务的监管，实行民主管理，加强对建成基础设施的维护和管理。

第四，政府要从全局统筹规划基础设施建设，重视建设跨省跨行政区域的基础设施建设的长远规划。

三、研究展望

由于受到研究条件的限制，本书还存在一些不足，未来的研究方向可以从以下几方面展开：

第一，本书的实证研究主要限于省级层面，而微观层面的农村基础设施投资和全要素生产率、技术进步和技术效率的关系可靠性有待进一步检验，因此，将尝试从更为微观的层次如县级层面、村级层面或农户层面来检验两者的关系形态。

第二，探索基础设施固定资本存量的计算方法，进行国际比较研究，发现我国农村基础投资效应与其他发展中国家或发达国家的差距。

第三，探讨基础设施投资的外溢性，以及不同类型农村基础设施的交互效应，对农村基础设施投资的生产率效应进行更为全面的研究。

第四，从农村基础设施投资主体和资金来源的角度探讨资金筹措渠道等对农村基础设施投资的农业增长效应的影响。

参考文献

1. Adams, D. W. , Vogel, R. C. Rural financial markets in low – income countries: Recent controversies and lessons [J] . World Development, 1986, 14 (4): 477 – 487.

2. Aigner, D. , Lovell, C. , Schmidt, P. Formulation and estimation of stochastic frontier production function models [J] . Journal of Econometrics, 1977, 6 (1): 21 – 37.

3. Ajwad, M. I. , Wodon, Q. Do local Governments maximize access rates to public services across areas? A test based on marginal benefit incidence analysis [J] . The Quarterly Review of Economics and Finance, 2007, 47 (2): 242 – 260.

4. Alston, J. M. , Marra, M. C. , Pardey, P. G. Research returns redux: A meta – analysis of the returns to agricultural R&D [J] . Australian Journal of Agricultural and Resource Economics, 2000, 44 (2): 185 – 215.

5. Anselin L. Spatial econometrics: methods and models [M] . Springer Science & Business Media, 2013.

6. Antle, J. M. Human capital, infrastructure, and the productivity of Indian rice farmers [J] . Journal of Development Economics, 1984, 14 (1): 163 – 181.

7. Antle, J. M. Infrastructure and aggregate agricultural productivity: International evidence [J] . Economic Development and Cultural Change, 1983, 31 (3): 609 – 619.

8. Argy, F. , Lindfield, M. , Stimson, B. Infrastructure and Economic Development [R] . CEDA Information Paper No. 60, 1999.

9. Arrow, K. J. , Kruz, M. Public investment, the rate of return, and optimal fis-

cal policy [M]. Routledge, 2013.

10. Aschauer, D. A. Is public expenditure productive? [J]. Journal of Monetary Economics, 1989, 23 (2): 177 – 200.

11. Barro, R. J. Notes on growth accounting [J]. Journal of Economic Growth, 1999, 4 (2): 119 – 137.

12. Barro, R. J. Economic growth in a cross section of countries [J]. The Quarterly Journal of Economics, 1991, 106 (2): 407 – 443.

13. Barro, R. J. Government spending in a simple model of endogenous growth [J]. Journal of Political Economy, 1990, 98 (5, Part 2): S103 – S125.

14. Barro, R. J., Sala – I – Martin, X. Convergence [J]. Journal of Political Economy, 1992 (3): 223 – 251.

15. Battese, G. E., Broca, S. S. Functional forms of stochastic frontier production functions and models for technical inefficiency effects: A comparative study for wheat farmers in Pakistan [J]. Journal of Productivity Analysis, 1997, 8 (4): 395 – 414.

16. Beenstock, M., Felsenstein, D. Mobility and mean reversion in the dynamics of regional inequality [J]. International Regional Science Review, 2007, 30 (4): 335 – 361.

17. Berechman, J., Ozmen, D., Ozbay, K. Empirical analysis of transportation investment and economic development at state, county and municipality levels [J]. Transportation, 2006, 33 (6): 537 – 551.

18. Bhalla, G. S, Gurmail, S. Indian Agriculture: Four Decades of development [M]. Sage Publications, 2001.

19. Binswanger, H. P., Khandker, S. R., Rosenzweig, M. R. How infrastructure and financial institutions affect agricultural output and investment in India [J]. Journal of development Economics, 1993, 41 (2): 337 – 366.

20. Boarnet, M. G. Spillovers and the locational effects of public infrastructure [J]. Journal of Regional Science, 1998, 38 (3): 381 – 400.

21. Boarnet, M. G. Transportation infrastructure, economic productivity, and geographic scale: Aggregate growth versus spatial redistribution [R]. 1995.

22. Boarnet, M. G., Haughwout, A. F. Do highways matter? Evidence and policy

implications of highways' influence on metropolitan development [R] . 2000.

23. Breitung, J. Nonparametric tests for unit roots and cointegration [J] . Journal of Econometrics, 2002, 108 (2): 343 – 363.

24. Calderon, C. , Chong, A. Volume and quality of infrastructure and the distribution of income: An empirical investigation [J] . Review of Income and Wealth, 2004 (1): 187 – 106.

25. Calderon, C. , Serven, L. Infrastructure and economic development in Sub – Saharan Africa [J] . Journal of African Economies, 2010, 19 (suppl 1): i13 – i87.

26. Canning, D. , Fay, M. , Perotti, R. Infrastructure and growth [J] . International Differences in Growth Rates, 1994 (1): 285 – 310.

27. Cantos, P. , Gumbau – Albert, M. , Maudos, J. Transport infrastructures, spillover effects and regional growth: evidence of the Spanish case [J] . Transport Reviews, 2005, 25 (1): 25 – 50.

28. Carter, C. A. , Chen, J. , Chu, B. Agricultural productivity growth in China: Farm level versus aggregate measurement [J] . China Economic Review, 2003, 14 (1): 53 – 71.

29. Caves, D. W. , Christensen, L. R. , Diewert, W. E. Multilateral comparisons of output, input, and productivity using superlative index numbers [J] . The Economic Journal, 1982, 92 (365): 73 – 86.

30. Chapman, D. , Mccaskill, M. , Quigley, P. Effects of grazing method and fertilizer inputs on the productivity and sustainability of phalaris – based pastures in Western Victoria [J] . Animal Production Science, 2003, 43 (8): 785 – 798.

31. Chaudhry, M. O. , Brathen, S. , Odeck, J. Assessing the relationship between transport infrastructure and agriculture productivity in European Countries: An application of data envelopment analysis and malmquist index [R] . 2013.

32. Chavas, J. P. , Petrie, R. , Roth, M. Farm household production efficiency: Evidence from the Gambia [J] . American Journal of Agricultural Economics, 2005, 87 (1): 160 – 179.

33. Chaves, R. A. , Gonzalez – Vega, C. The design of successful rural financial intermediaries: Evidence from Indonesia [J] . World Development, 1996, 24 (1):

65 – 78.

34. Chen, P. – C. , Yu, M. – M. , Chang, C. – C. , et al. Total factor productivity growth in China's agricultural sector [J] . China Economic Review, 2008, 19 (4): 580 – 593.

35. Cliff, A. D. , Ord, J. K. Model building and the analysis of spatial pattern in human geography [J] . Journal of the Royal Statistical Society: Series B (Methodological), 1975, 37 (3): 297 – 328.

36. Cliff, A. D. , Ord, J. K. Spatial autocorrelation [M] . Pion, 1973.

37. Coelli, T. J. , Rao, D. S. P. Total factor productivity growth in agriculture: a Malmquist index analysis of 93 countries, 1980 – 2000 [J] . Agricultural Economics, 2005 (32): 115 – 134.

38. Colby, H. , Diao, X. , Somwaru, A. Cross – commodity analysis of China's grain sector: Sources of growth and supply response [R] . 2000.

39. Collier, P. , Dercon, S. , Mackinnon, J. Density versus quality in health care provision: Using household data to make budgetary choices in Ethiopia [J] . The World Bank Economic Review, 2002, 16 (3): 425 – 448.

40. Davis, H. S. Productivity accounting [M] . University of Pennsylvania Press, 1955.

41. Dawson, J. W. Institutions, Investment, And Growth: New Cross – Country and Panel Data Evidence [J] . Economic Inquiry. 1998, 36 (4): 603 – 619.

42. Denison, E. F. The sources of economic growth in the United States and the alternatives before us [R] . Supplementary Paper No. 13. New York: Committee for Economic Development, 1962.

43. Devarajan, S. , Swaroop, V. , Zou, H. F. The composition of public expenditure and economic growth [J] . Journal of Monetary Economics, 1996, 37 (2): 313 – 344.

44. Easterly, W. , Rebelo, S. Fiscal policy and economic growth: an empirical investigation [R] . CEPR Discussion Papers, 1994.

45. Engle, R. F. , Granger, C. W. Co – integration and error correction: representation, estimation, and testing [J] . Econometrica: Journal of the Econometric So-

ciety, 1987, 251 – 276.

46. Eswaran, M. , Kotwal, A. A theory of contractual structure in agriculture [J] . The American Economic Review, 1985, 75 (3): 352 – 367.

47. Evans, P. , Karras, G. Are government activities productive? Evidence from a panel of US states [J] . The Review of Economics and Statistics, 1994 (2): 1 – 11.

48. Evenson, R. E. Economic impacts of agricultural research and extension [J] . Handbook of Agricultural Economics, 2001 (1): 573 – 628.

49. Fan S, Hazell P B R. Are returns to public investment lower in less – favored rural areas? An empirical analysis of India [R] . 1999.

50. Fan, S. & Zhang, X. Infrastructure and regional economic development in rural China [J] . China Economic Review, 2004, 15 (2): 203 – 214.

51. Fan, S. Effects of technological change and institutional reform on production growth in Chinese agricultural economics [J] . American Journal of Agricultural Economics, 1991, 73 (2): 266 – 275.

52. Fan, S. Research investment and the economic returns to Chinese agricututal research [J] . Journal of Productivity Analysis, 2000, 14 (92): 163 – 180.

53. Fan, S. , Chan – Kang, C. Road development, economic growth, and poverty reduction in China [M] . Intl Food Policy Res Inst, 2005.

54. Fan, S. , Hazell, P. & Throat, S. Are Returns to Public Investment Lower in Less – Favored Rural Areas? An Empirical Analysis of India [J] . EPTD Discussion Paper No. 43, 1999.

55. Fan, S. , Hazell, P. , Thorat, S. Impact of public expenditure on poverty in rural India [J] . Economic and Political Weekly, 2000, 3581 – 3588.

56. Fan, S. , Huong, P. L. , Long, T. Q. Government spending and poverty reduction in Vietnam [R] . 2004.

57. Fan, S. , Nyange, D. & Rao, N. Public investment and poverty reduction in Tanzania [R] . 2005.

58. Fan, S. , Zhang, L. , Zhang, X. Growth, inequality and poverty in rural china: The role of public investments. [R] . Research Report No. 125. International Food Policy Research Institute. Washington, DC. 2002.

59. Färe, R. , Grosskopf, S. Malmquist productivity indexes and Fisher ideal indexes [J] . The Economic Journal, 1992, 102 (410): 158 – 160.

60. Färe, R. , Grosskopf, S. , Norris, M. , et al. Productivity growth, technical progress, and efficiency change in industrialized countries [J] . The American Economic Review, 1994 (1): 66 – 83.

61. Färe, R. , Grosskopf, S. , Roos, P. Malmquist productivity indexes: A survey of theory and practice [M] . Springer, 1998: 127 – 190.

62. Fenoaltea, S. Peeking backward: regional aspects of industrial growth in post – unification Italy [J] . The Journal of Economic History, 2003, 63 (4): 1059 – 1102.

63. Fernald, J. G. Roads to prosperity? Assessing the link between public capital and productivity [J] . American Economic Review, 1999, 89 (3): 619 – 638.

64. Fosu, K. Y. , Heerink, N. , Ilboudo, K. E. Public goods and services and food security: Theory and Modelling Approaches [R] . 1995.

65. Fried, H. , Lovell, C. A. K. , Schmidt, S. S. The Measurement of Productive Efficiency and Productivity Growth [M] . New York: Oxford University Press, 2008.

66. Fulginiti, L. E. , Perrin, R. K. Prices and productivity in agriculture [J] . Review of Economic Statistics, 1993 (75): 471 – 482.

67. Fulginiti, L. E. , Perrin, R. K. LDC agriculture: Nonparametric Malmquist productivity indexes [J] . Journal of Development Economics, 1997, 53 (2): 373 – 390.

68. Gibson, J. , Olivia, S. The effect of infrastructure access and quality on non – farm enterprises in rural Indonesia [J] . World Development, 2010, 38 (5): 717 – 726.

69. Gomanee, K. , Girma, S. , Morrissey, O. Aid, public spending and human welfare: Evidence from quantile regressions [J] . Journal of International Development, 2005, 17 (3): 299 – 309.

70. Goodwin, B. K. , Mishra, A. K. Farming efficiency and the determinants of multiple job holding by farm operators [J] . American Journal of Agricultural Economics, 2004, 86 (3): 722 – 729.

71. Guillaumont, J. S. , Hua, P. , Liang, Z. Financial development, economic efficiency, and productivity growth: Evidence from China [J] . The Developing Economies, 2006, 44 (1): 27 – 52.

72. Hadri, K. Testing for stationarity in heterogeneous panel data [J] . The Econometrics Journal, 2000, 3 (2): 148 – 161.

73. Hayami, Y. , Ruttan, V. W. Agricultural productivity differences among countries [J] . The American Economic Review, 1970, 60 (5): 895 – 911.

74. Hazell, P. B. , Hojjati, B. Farm/non – farm growth linkages in Zambia [J] . Journal of African Economies, 1995, 4 (3): 406 – 435.

75. Hazell, P. B. , Ramasamy, C. The Green Revolution reconsidered: the impact of high – yielding rice varieties in south India [M] . Johns Hopkins University Press, 1991.

76. Hirschman, A. O. The strategy of economic development [M] . Westview Press, 1958.

77. Hoang, V. N. Measuring and decomposing changes in agricultural productivity, nitrogen use efficiency and cumulative exergy efficiency: application to OECD agriculture [J] . Ecological Modelling, 2011, 222 (1): 164 – 175.

78. Hsu, S. H. , Yu, M. M. , Chang, C. C. An analysis of total factor productivity growth in China's agricultural sector [R] . 2003.

79. Huang, J. , Rosegrant, M. , Rozelle, S. Public investment, technological change and agricultural growth in China [C] . Final Conference on Projections and Policy Implications of Medium – and Long – term Rice Supply and Demand, 1995: 24 – 26.

80. Huang, J. , Rozelle, S. Environmental stress and grain yields in china [J] . American Journal of Agricultural Economics, 1995, 77 (November): 853 – 864.

81. Hulten, C. R. Total factor productivity. A short biography [M] . University of Chicago Press, 2001.

82. Hulten, C. R. , Bennathan, E. , Srinivasan, S. Infrastructure, externalities, and economic development: A study of the Indian manufacturing industry [J] . The World Bank Economic Review, 2006, 20 (2): 291 – 308.

83. Hulten, C. R. , Schwab, R. M. Public capital formation and the growth of re-

gional manufacturing industries [J]. National Tax Journal, 1991 (1): 121 – 134.

84. Im, K. S, Pesaran, M. H, Shin, Y. Testing for unit roots in heterogeneous panels [J]. Journal of Econometrics, 2003, 115 (1): 53 – 74.

85. Jacoby, H. Access to markets and the benefits of rural roads [J]. Economic Journal, 2000 (110): 713 – 737.

86. Jain, P., Rao, C. H. & Hanumantha Rao, C. Agriculture, food security, poverty, and environment: essays on post – reform India [M]. Oxford University Press, 2009.

87. Jin, S., Huang, J., Hu, R. The creation and spread of technology and total factor productivity in China's agriculture [J]. American Journal of Agricultural Economics, 2002, 84 (4): 916 – 930.

88. Johansen, S. Statistical analysis of cointegration vectors [J]. Journal of Economic Dynamics and Control, 1988, 12 (2 – 3): 231 – 254.

89. Jones, K. G., Arnade, C. A. A joint livestock – crop multi – factor relative productivity approach [R]. 2003.

90. Jorgenson, D. W., Griliches, Z. The explanation of productivity change [J]. The Review of Economic Studies, 1967, 34 (3): 249 – 283.

91. Jung, H. S., Thorbecke, E. The impact of public education expenditure on human capital, growth, and poverty in Tanzania and Zambia: A general equilibrium approach [J]. Journal of Policy Modelling, 2003, 25 (8): 701 – 725.

92. Kalirajan, K. P., Obwona, M. B., Zhao S. A decomposition of total factor productivity growth: the case of Chinese agricultural growth before and after reforms [J]. American Journal of Agricultural Economics, 1996, 78 (2): 331 – 338.

93. Kamara, I. B. The direct productivity impact of infrastructure investment: Dynamic panel data evidence from Sub Saharan Africa [R]. Economic Research Southern Africa, 2007.

94. Kao, C. Spurious regression and residual – based tests for cointegration in panel data [J]. Journal of Econometrics, 1999, 90 (1): 1 – 44.

95. Krugman, P., Kakwani, N. The growth – equity trade – off in modern economic development: The case of Thailand [J]. Journal of Asian Economics, 2003 (14):

735 – 757.

96. Lall, S. V. Infrastructure and regional growth, growth dynamics and policy relevance for India [J]. The Annals of Regional Science, 2007, 41 (3): 581 – 599.

97. Lambert, D. K., Parker, E. Productivity in Chinese provincial agriculture [J]. Journal of Agricultural Economics, 1998, 49 (3): 378 – 392.

98. LeSage, J. P., Pace, R. K. Spatial econometric models [M]. Springer, 2010.

99. Levin, A., Lin, C. F., Chu, C. S. J. Unit root tests in panel data: asymptotic and finite – sample properties [J]. Journal of Econometrics, 2002, 108 (1): 1 – 24.

100. Lin, J. Y. Institutional reforms and dynamics of agricultural growth in China [J]. Food Policy, 1997, 22 (3): 201 – 212.

101. Lin, J. Y. Rural reforms and agricultural growth in china [J]. American Economic Review, 1992, 82 (3): 34 – 51.

102. Liu, H. L, Ng, C. W. W, Fei, K. Performance of a geogrid – reinforced and pile – supported highway embankment over soft clay: case study [J]. Journal of Geotechnical and Geoenvironmental Engineering, 2007, 133 (12): 1483 – 1493.

103. Liu, N., Chen, Y., Zhou, Q. Spatial spillover effects of transport infrastructure on regional economic growth [J]. Journal of Southeast University (English Edition), 2007: 23, 33 – 39.

104. Lofgren, H., Robinson, S. Public spending, growth and poverty alleviation in Sub – Saharan Africa: A dynamic general equilibrium analysis [R]. Paper prepared for the Conference at the Centre for the Study of African Economies, 2004.

105. Lucas, R. E. On the mechanics of economic development [J]. Journal of Monetary Economics, 1988, 22 (1): 3 – 42.

106. Mamatzakis, E. C. Public infrastructure and productivity growth in Greek agriculture [J]. Agricultural Economics, 2003, 29 (2): 169 – 180.

107. Mao, W., Koo, W. Productivity growth, technological progress, and efficiency change in Chinese agriculture after rural economic reforms: A DEA approach [J]. China Economic Review, 1997, 8 (2): 157 – 174.

108. Matovu, M. J, Dabla – Norris, M. E. Composition of government expenditures and demand for education in developing countries [M]. International Monetary Fund, 2002.

109. McMillan, J., Whalley, J., Zhu, L. The impact of China's economic reforms on agricultural productivity growth [J]. The Journal of Political Economy, 1989 (1): 781 – 807.

110. Mead, R. W. A Revisionist View of Chinese Agricultural Productivity? [J]. Contemporary Economic Policy, 2003, 21 (1): 117 – 131.

111. Meeusen, W., Van Den Broeck, J. Efficiency estimation from Cobb – Douglas production functions with composed error [J]. International Economic Review, 1977 (1): 435 – 444.

112. Mendes, S. M., Teixeira, E. C., Salvato, M. A. Effect of infrastructure investments on total factor productivity (TFP) in Brazilian agriculture [R]. 2009, International Association of Agricultural Economists 2009 Conference, 2009.

113. Monchuk, D. C., Chen, Z, Bonaparte, Y. Explaining production inefficiency in China's agriculture using data envelopment analysis and semi – parametric bootstrapping [J]. China Economic Review, 2010, 21 (2): 346 – 354.

114. Moran, P. A. P. Notes on continuous stochastic phenomena [J]. Biometrika, 1950, 37 (1/2): 17 – 23.

115. Mundlak, Y., Larson, D. F., Butzer, R. Determinants of agricultural growth in Indonesia, the Philippines, and Thailand [M]. World Bank Publications, 2002.

116. Mundlak, Y., Larson, D., Butzer, R. Agricultural dynamics in Thailand, Indonesia and the Philippines [J]. The Australian Journal of Agricultural and Resource Economics, 2004, 48 (1): 95 – 126.

117. Munnell, A. H. Policy watch: infrastructure investment and economic growth [J]. Journal of Economic Perspectives, 1992, 6 (4): 189 – 198.

118. Nin, A, Arndt, C., Hertel, T. W. Bridging the gap between partial and total factor productivity measures using directional distance functions [J]. American Journal of Agricultural Economics, 2003, 85 (4): 928 – 942.

119. Ozbay, K. , Ozmen – Ertekin, D. , Berechman J. Contribution of transportation investments to county output [J]. Transport Policy, 2007, 14 (4): 317 – 329.

120. Paternostro, S. , Rajaram, A. Tiongson E R. How does the composition of public spending matter? [M]. The World Bank, 2005.

121. Pedroni, P. Critical values for cointegration tests in heterogeneous panels with multiple regressors [J]. Oxford Bulletin of Economics and Statistics, 1999, 61 (S1): 653 – 670.

122. Pingali, P. L. , Hossain, M. , Pandey, S. Economics of nutrient management in Asian rice systems: Towards increasing knowledge intensity [J]. Field Crops Research, 1998, 56 (1): 157 – 176.

123. Pingali, P. L. , Khiem, N. T, Gerpacio, R. V. Prospects for sustaining Vietnam's reacquired rice exporter status [J]. Food Policy, 1997, 22 (4): 345 – 358.

124. Pingali, P. L. , Rosegrant, M. W. Agricultural commercialization and diversification: Processes and policies [J]. Food Policy, 1995, 20 (3): 171 – 185.

125. Pinstrup – Andersen, P. , Hazell, P. B. The impact of the Green Revolution and prospects for the future [J]. Food Reviews International, 1985, 1 (1): 1 – 25.

126. Pinstrup – Andersen, P. , Shimokawa, S. Rural infrastructure and agricultural development [J]. Rethinking Infrastructure for Development, 2007 (3): 175 – 183.

127. Rae, A. N. , Ma, H. , Huang, J. Livestock in China: commodity – specific total factor productivity decomposition using new panel data [J]. American Journal of Agricultural Economics, 2006, 88 (3): 680 – 695.

128. Ravallion, M. , Datt, G. Why have some Indian states done better than others at reducing rural poverty? [M]. The World Bank, 1999.

129. Roller, L. H. , Waverman, L. Telecommunications infrastructure and economic development: A simultaneous approach [J]. American Economic Review, 2001, 91 (4): 909 – 923.

130. Romer, P. M. Capital, labor, and productivity [J]. Brookings Papers on Economic Activity Microeconomics, 1990 (1): 337 – 367.

131. Rosenstein – Rodan, P. N. Problems of industrialization of eastern and south – eastern Europe [J]. The Economic Journal, 1943, 53 (210/211): 202 –

211.

132. Rozelle, S. , Park, A. , Huang, J. Liberalization and rural market integration in China [J] . American Journal of Agricultural Economics, 1997, 79 (2): 635 – 642.

133. Rozelle, S. , Taylor, J. E. , Debrauw, A. Migration, remittances, and agricultural productivity in China [J] . American Economic Review, 1999, 89 (3): 287 – 291.

134. Ruttan, V. W. , Hayami, Y. Toward a theory of induced institutional innovation [J] . The Journal of Development Studies, 1984, 20 (4): 203 – 223.

135. Scherr, S. J. , Hazell, P. B. R. Sustainable agricultural development strategies in fragile lands [R] . 1994.

136. Smith, A. An Enquiry into the Nature and Causes of the Wealth of Nations, Glasgow Edition of the Works and Correspondence of Adam Smith, 2 vols [M] . Glasgow Publishers, 1976.

137. Solow, R. M. A contribution to the theory of economic growth [J] . The Quarterly Journal of Economics, 1956, 70 (1): 65 – 94.

138. Songco, J. A. Do rural infrastructure investments benefit the poor? Evaluating linkages: A global view, a focus on Vietnam [M] . The World Bank, 2002.

139. Swan, T. W. Economic growth and capital accumulation [J] . Economic Record, 1956, 32 (2): 334 – 361.

140. Tatom, J. A. Public capital and private sector performance [J] . Review, 1991 (73) .

141. Teles, V. K. , Mussolini, C. C. Infrastructure and productivity in Latin America: Is there a relationship in the long run? [R] . 2010.

142. Teles, V. K. , Mussolini, C. C. Infrastructure and productivity in Latin America: is there a relationship in the long run? [J] . Journal of Economic Studies, 2012, 39: 44 – 62.

143. Teruel, R. G. , Kuroda, Y. Public infrastructure and productivity growth in Philippine agriculture, 1974 – 2000 [J] . Journal of Asian Economics, 2005, 16 (3): 555 – 576.

144. Thakur, D. K. Rural infrastructure: A new vision for poverty reduction [J]. World Affairs: The Journal of International Issues, 2012, 16 (4): 78 – 88.

145. Thorat, S., Sirohi, S. Rural infrastructure: state of Indian farmers, a millennium study [R]. 2002.

146. Tian, W., Wan, G. H. Technical Efficiency and Its Determinants in China's Grain Production [J]. Journal of Productivity Analysis. 2000, 13 (2): 159 – 174.

147. Timmer, C. P. Agriculture and economic development [J]. Handbook of agricultural economics, 2002 (2): 1487 – 1546.

148. Tong, H., Fulginiti, L., Sesmero, J. P. Agricultural productivity in China: National and regional growth patterns, 1993 – 2005 [R]. Productivity Growth in Agriculture: An International Perspective, 2012.

149. Ulimwengu, J. M., Funes, J., Headey, D. D. Paving the way for development: The impact of road infrastructure on agricultural production and household wealth in the Democratic Republic of Congo [R]. 2009.

150. Von Hirshhausen, C. Modernizing in infrastructure in transformation economics [M]. Cheltenham: Edward Elgar, 2002.

151. Walle, D. Are returns to investment lower for the poor? Human and physical capital interactions in rural Vietnam [J]. Review of Development Economics, 2003, 7 (4): 636 – 653.

152. Wan, G. H., Chen, E. J. Effects of Land fragmentation and returns to scale in the Chinese farming sector [J]. Applied Economics, 2001 (33): 183 – 194.

153. Wang, W., Zhang, H. & Tong, G. Empirical analysis of effect of rural infrastructure construction on agricultural economy growth [J]. Springer, 2013: 611 – 618.

154. Wen, G. J. Total factor productivity change in China's farming sector: 1952 – 1989 [J]. Economic Development and Cultural Change, 1993, 42 (1): 1 – 41.

155. Wharton, C. The Infrastructure for Agricultural Development [M]. Cornell University Press, 1967.

156. Whittle, P. On stationary processes in the plane [J]. Biometrika, 1954: 434 – 449.

157. Williamson, O. E. Economic institutions: spontaneous and intentional governance [J]. Journal of Law, Economics & Organization, 1991, 7: 159 – 187.

158. Wooldridge, J. Introductory econometrics: A modern approach [M]. Cengage Learning, 2008.

159. World Bank. China: Overcoming rural poverty [M]. Oxford University Press, 2000.

160. World Bank. World Development Report 1990 [M]. World Bank Group, 1990.

161. World Bank. World Development Report 1994: infrastructure for development [M]. World Bank Publications, 1994.

162. World Bank. World development report 1997: The state in a changing world [M]. Oxford University Press, 1997.

163. Wu, S., Walker, D., Devadoss, S. Productivity growth and its components in Chinese agriculture after reforms [J]. Review of Development Economics, 2001, 5 (3): 375 – 391.

164. Yang, M. China's rural electrification and poverty reduction [J]. Energy Policy, 2003 (31): 283 – 295.

165. Yu, N., De Jong, M., Storm, S. Spatial spillover effects of transport infrastructure: Evidence from Chinese regions [J]. Journal of Transport Geography, 2013 (28): 56 – 66.

166. Zhang, B., Carter, C. A. Reforms, the weather, and productivity growth in China's grain sector [J]. American Journal of Agricultural Economics, 1997, 79 (4): 1266 – 1277.

167. Zhang, X., Wu, Y., Skitmore, M. Sustainable infrastructure projects in balancing urban – rural development: Towards the goal of efficiency and equity [J]. Journal of Cleaner Production, 2015, 107: 445 – 454.

168. 白秀广, 陈晓楠, 霍学喜. 气候变化对苹果主产区单产及全要素生产率增长的影响研究 [J]. 农业技术经济, 2015 (8): 98 – 111.

169. 边志强. 网络基础设施对全要素生产率增长效应研究 [D]. 东北财经大学, 2015

170. 曹暕. 中国农户原料奶生产经济效率分析［D］. 中国农业大学，2005.

171. 曹文明，胡海波，黄飞. 中国农业基础设施的规模效应及其区域差异研究［J］. 财经理论与实践，2017（38）：121－126.

172. 陈启博. 农村金融发展与农业全要素生产率——基于经营规模视角的门槛效应分析［J］. 甘肃金融，2019（8）：48－52.

173. 陈婷婷. 资源环境约束下我国西部地区农业全要素生产率增长及其影响因素［J］. 贵州农业科学，2015，43（7）：216－20＋26.

174. 陈卫平. 中国农业生产率增长、技术进步与效率变化：1990～2003年［J］. 中国农村观察，2006（1）：18－8.

175. 陈燕翎，庄佩芬. 贸易开放、人力资本和农业全要素生产率——基于面板门槛回归的实证研究［J］. 中共福建省委党校学报，2019（1）：83－92.

176. 陈柱康，张俊飚，程琳琳. 碳排放如何影响水稻全要素生产率［J］. 中国农业大学学报，2019，24（11）：197－213.

177. 程漱兰. 中国农村发展：理论和实践［M］. 北京：中国人民大学出版社，1999.

178. 邓晓兰，鄢伟波. 农村基础设施对农业全要素生产率的影响研究［J］. 财贸研究，2018（29）：36－45.

179. 董明涛，周慧. 农村基础设施与经济增长的互动关系：基于省际面板数据的分析［J］. 贵州农业科学，2014，42（9）：276－80.

180. 董晓霞，黄季焜，Rozelle，S.，王红林. 地理区位、交通基础设施与种植业结构调整研究［J］. 管理世界，2006（9）：32－41.

181. 董娅楠，缪东玲，程宝栋. FDI对中国林业全要素生产率的影响分析——基于DEA－Malmquist指数法［J］. 林业经济，2018，40（4）：39－45.

182. 董莹. 全要素生产率视角下的农业技术进步及其溢出效应研究［D］. 中国农业大学，2016.

183. 樊胜根，张林秀，张晓波. 中国农村公共投资在农村经济增长和反贫困中的作用［J］. 华南农业大学学报（社会科学版），2002（1）：1－13.

184. 樊胜根. 公共支出、经济增长和贫困：来自发展中国家的启示［M］. 北京：科学出版社，2009.

185. 范晓莉. 文化消费、区域基础设施与城乡收入差距——基于新经济地理视角的理论分析与实证检验 [J]. 西南民族大学学报（人文社科版），2020，41 (4)：96 – 103.

186. 方龙朋. 城镇化对农业全要素生产率的影响分析——基于湖南省 2008 – 2016 年的数据 [J]. 价值工程，2019，38 (5)：60 – 2.

187. 冯海发. 农业总生产率指标的初步研究 [J]. 农业技术经济，1986 (3)：31 – 35.

188. 冯海发. 关于农业总生产率"计算权数"的几种确定方法 [J]. 农业技术经济，1987 (3)：16 – 18.

189. 冯晓龙，刘明月，霍学喜. 碳排放约束下中国苹果全要素生产率研究 [J]. 中国农业大学学报，2017，22 (2)：157 – 168.

190. 付明辉，祁春节. 要素禀赋、技术进步偏向与农业全要素生产率增长——基于 28 个国家的比较分析 [J]. 中国农村经济，2016 (12)：76 – 90.

191. 高帆. 我国区域农业全要素生产率的演变趋势与影响因素——基于省际面板数据的实证分析 [J]. 数量经济技术经济研究，2015，32 (5)：3 – 19，53.

192. 高鸣，宋洪远，Carterman，M. 粮食直接补贴对不同经营规模农户小麦生产率的影响——基于全国农村固定观察点农户数据 [J]. 中国农村经济，2016 (8)：56 – 69.

193. 高越，侯在坤. 我国农村基础设施对农民收入的影响——基于中国家庭追踪调查数据 [J]. 农林经济管理学报，2019，18 (6)：733 – 41.

194. 葛静芳，李谷成，尹朝静. 我国农业全要素生产率核算与地区差距分解——基于 Fare – Primont 指数的分析 [J]. 中国农业大学学报，2016 (21)：117 – 126.

195. 龚斌磊. 投入要素与生产率对中国农业增长的贡献研究 [J]. 农业技术经济，2018 (3)：4 – 18.

196. 郭军华，李帮义. 区域农业全要素生产率测算及其收敛分析 [J]. 系统工程，2009，27 (12)：31 – 37.

197. 郭萍，余康，黄玉. 中国农业全要素生产率地区差异的变动与分解——基于 Fare – Primont 生产率指数的研究 [J]. 经济地理，2013，33 (2)：141 –

145.

198. 郭素芳，刘琳琳．要素整合与农业经济增长动力转换——基于农业全要素生产率视角［J］．天津师范大学学报（社会科学版），2017（1）：65－9＋74.

199. 韩海彬，张莉．农业信息化对农业全要素生产率增长的门槛效应分析［J］．中国农村经济，2015（8）：11－21.

200. 韩亮．西藏基础设施投资与经济增长关系研究［D］．中国财政科学研究院，2009.

201. 韩晓燕，翟印礼．中国农业生产率的地区差异与收敛性研究［J］．农业技术经济，2005（6）：51－57.

202. 韩振，杨春，赵馨馨．生态补奖机制下牧区肉羊养殖全要素生产率分析［J］．农业技术经济，2019（11）：116－126.

203. 韩中．我国农业全要素生产率的空间差异及其收敛性研究［J］．金融评论，2013，5（5）：26－37，123.

204. 郝晓燕，张益，韩一军．农产品贸易提升了中国农业全要素生产率吗？——基于双重门槛效应的检验［J］．管理现代化，2017（37）：15－19.

205. 郝一帆，王征兵．生产性服务业能提升中国农业全要素生产率吗？［J］．学习与实践，2018（9）：39－50.

206. 何亚男．我国农村基础设施投资与农民收入的关系研究［D］．福州大学，2018.

207. 赫国胜，张微微．中国农业全要素生产率影响因素、影响效应分解及区域化差异——基于省级动态面板数据的 GMM 估计［J］．辽宁大学学报（哲学社会科学版），2016，44（3）：79－88.

208. 黄安胜，许佳贤，徐琳．中国农业全要素生产率及其时空差异分析［J］．福建农林大学学报（哲学社会科学版），2013，16（3）：47－51.

209. 黄森．空间视角下交通基础设施对区域经济的影响研究［D］．重庆大学，2014.

210. 季凯文．中国生物农业全要素生产率增长特征及行业差异［J］．科研管理，2016，37（7）：145－153.

211. 江激宇，李静，孟令杰．中国农业生产率的增长趋势：1978—2002［J］．南京农业大学学报，2005（3）：23－32.

212. 江艳军, 黄英. 农村基础设施对农业产业结构升级的影响研究 [J].资源开发与市场, 2018, 34 (10): 1400 – 1405.

213. 江宇. 农业设施用地对农业全要素生产率影响的实证研究 [D]. 西南交通大学, 2019.

214. 揭懋汕, 郭洁, 陈罗烨. 碳约束下中国县域尺度农业全要素生产率比较研究 [J]. 地理研究, 2016, 35 (5): 898 – 908.

215. 金川. 农业信贷对农业全要素生产率影响的实证研究 [D]. 复旦大学, 2014.

216. 金怀玉, 菅利荣. 中国农业全要素生产率测算及影响因素分析 [J].西北农林科技大学学报 (社会科学版), 2013, 13 (2): 29 – 35, 42.

217. 井深, 肖龙铎. 农村正规与非正规金融发展对农业全要素生产率的影响——基于中国省级面板数据的实证研究 [J]. 江苏社会科学, 2017 (4): 77 – 85.

218. 匡桂华. 区域交通基础设施对产业集聚的影响研究 [D]. 华南理工大学, 2017.

219. 匡远配, 杨佳利. 农地流转的全要素生产率增长效应 [J]. 经济学家, 2019: 102 – 112.

220. 兰峰, 陈哲, 甄雯. 人口迁移与城乡基础设施配置的时空减贫效应研究 [J]. 财经问题研究, 2019 (11): 13 – 120.

221. 李斌, 尤笠, 李拓. 交通基础设施、FDI 与农村剩余劳动力转移 [J].首都经济贸易大学学报, 2019, 21 (1): 69 – 77.

222. 李道和, 池泽新, 刘滨. 基于 DEA 的中国茶叶产业全要素生产率分析 [J]. 农业技术经济, 2008 (5): 52 – 56.

223. 李飞, 曾福生. 农业基础设施促进农业经济增长的文献综述 [J]. 农业经济与管理, 2016 (9): 87 – 94.

224. 李谷成, 范丽霞, 成刚. 农业全要素生产率增长: 基于一种新的窗式DEA 生产率指数的再估计 [J]. 农业技术经济, 2013 (5): 4 – 17.

225. 李谷成, 冯中朝, 占绍文. 家庭禀赋对农户家庭经营技术效率的影响冲击——基于湖北省农户的随机前沿生产函数实证 [J]. 统计研究, 2008 (1): 35 – 42.

226. 李谷成，冯中朝，范丽霞. 农户家庭经营技术效率与全要素生产率增长分解（1999～2003年）——基于随机前沿生产函数与来自湖北省农户的微观证据 [J]. 数量经济技术经济研究，2007（8）：51 - 62.

227. 李谷成，尹朝静，吴清华. 农村基础设施建设与农业全要素生产率 [J]. 中南财经政法大学学报，2015（1）：141 - 147.

228. 李谷成. 技术效率、技术进步与中国农业生产率增长 [J]. 经济评论，2009（1）：82 - 97.

229. 李静，孟令杰. 中国农业生产率的变动与分解分析：1978～2004年——基于非参数的 HMB 生产率指数的实证研究 [J]. 数量经济技术经济研究，2006（5）：11 - 19.

230. 李梦琪. 我国农业全要素生产率区域差异及影响因素研究 [D]. 吉林大学，2019.

231. 李欠男，李谷成，高雪. 农业全要素生产率增长的地区差距及空间收敛性分析 [J]. 中国农业资源与区划，2019，40（7）：28 - 36.

232. 李汝资，吕芸芸，王文刚. 中国城市用地扩张对农业全要素生产率的影响研究——基于土地财政的门槛效应视角 [J]. 华东经济管理，2019，33（8）：76 - 82.

233. 李森圣. 基础设施投资、城乡收入差距与城镇化研究 [D]. 重庆大学，2015.

234. 李士梅，尹希文. 中国农村劳动力转移对农业全要素生产率的影响分析 [J]. 农业技术经济，2017（9）：4 - 13.

235. 李文华. 基于 DEA - Malmquist 指数的中国农业全要素生产率时空差异及影响因素分析 [J]. 山东农业大学学报（社会科学版），2018，20（2）：96 - 103，73，74.

236. 李献国. 中国基础设施投资的经济增长效应研究 [D]. 东北财经大学，2017.

237. 李晓阳，许属琴. 经营规模、金融驱动与农业全要素生产率 [J]. 软科学，2017，31（8）：5 - 8.

238. 李燕凌，曾福生. 农村公共支出效果的理论与实证研究 [J]. 中国农村经济，2006（8）：23 - 33.

239. 李志远. 农村基础设施投资研究——以河北省为例［D］. 河北农业大学, 2007.

240. 连蕾. 地方政府竞争、基础设施投资与地区经济增长［D］. 西北大学, 2018.

241. 林光华, 陆盈盈. 气候变化对农业全要素生产率的影响及对策——以冬小麦为例［J］. 农村经济, 2019（6）：114－20.

242. 林万龙. 乡村社区公共产品的制度外筹资：历史、现状及改革［J］. 中国农村经济, 2002（7）：27－35＋80.

243. 林毅夫. 制度、技术与中国农业发展［M］. 上海：上海三联书店, 2005.

244. 刘承芳, 张林秀, 樊胜根. 农户农业生产性投资影响因素研究——对江苏省六个县市的实证分析［J］. 中国农村观察, 2002（4）：20－28.

245. 刘晗, 王钊, 姜松. 基于随机前沿生产函数的农业全要素生产率增长研究［J］. 经济问题探索, 2015（11）：35－42.

246. 刘景林. 论基础结构［J］. 中国社会科学, 1983（1）：27－35.

247. 刘伦武. 农村基础设施建设：农民增收的基础［J］. 农业经济, 2002（9）：35－38.

248. 刘乃郗, 韩一军, 王萍萍. FDI 是否提高了中国农业企业全要素生产率？——来自 99801 家农业企业面板数据的证据［J］. 中国农村经济, 2018（9）：90－105.

249. 刘涛, 王波, 李嘉梁. 互联网、城镇化与农业生产全要素生产率［J］. 农村经济, 2019（10）：129－136.

250. 刘晓昀, 辛贤, 毛学峰. 贫困地区农村基础设施投资对农户收入和支出的影响［J］. 中国农村观察, 2003（1）：31－37.

251. 刘洋. 我国海水养殖投入产出动态效率研究——基于 2004～2013 年 9 省、市面板数据分析［J］. 海洋开发与管理, 2015, 32（12）：94－99.

252. 刘战伟. 技术进步、技术效率与农业全要素生产率增长——基于农业供给侧改革视角［J］. 会计与经济研究, 2017, 31（3）：107－116.

253. 吕立才, 徐天祥. 公共投资与私人投资在我国农业增长中的作用及关系研究［J］. 中央财经大学学报, 2005（11）：51－56.

254. 马巍, 王春平, 李旭. 农业 FDI 对农业全要素生产率的异质门槛效应分析 [J]. 统计与决策, 2016 (21): 130 - 133.

255. 毛其淋, 盛斌. 对外经济开放、区域市场整合与全要素生产率 [J]. 经济学 (季刊), 2012, 11 (1): 181 - 210.

256. 孟令杰, 李新华. FDI 对我国农业全要素生产率的影响研究 [J]. 农业经济与管理, 2014 (1): 12 - 20.

257. 孟庆强, 刘洁. FDI、公路交通运输基础设施与城乡居民收入差距——基于 2006 ~ 2016 年河南省的实证研究 [J]. 郑州航空工业管理学院学报, 2019, 37 (5): 7 - 15.

258. 孟守卫. 农村金融市场结构对农业全要素生产率的影响研究——基于省际面板数据的分析 [J]. 金融理论与实践, 2018 (5): 77 - 82.

259. 聂昌腾, 庄佩芬, 谢桂花. 电商基础设施是否有助于农民增收? ——基于中国省际面板数据的实证分析 [J]. 郑州航空工业管理学院学报, 2019, 37 (1): 7 - 16.

260. 聂高辉, 宋璐. 城镇化、基础设施投资与城乡收入差距——基于省级面板数据的实证分析 [J]. 华东经济管理, 2020, 34 (2): 86 - 93.

261. 潘丹, 应瑞瑶. 资源环境约束下的中国农业全要素生产率增长研究 [J]. 资源科学, 2013, 35 (7): 1329 - 1338.

262. 彭代彦. 农村基础设施投资与农业解困 [J]. 经济学家, 2002 (3): 79 - 82.

263. 钱家骏, 毛立本. 要重视国民经济基础结构的研究和改善 [J]. 经济管理, 1981 (3): 27 - 35.

264. 秦天, 彭珏, 邓宗兵. 生产性服务业发展与农业全要素生产率增长 [J]. 现代经济探讨, 2017 (12): 93 - 101.

265. 全炯振. 中国农业全要素生产率增长的实证分析: 1978 ~ 2007 年——基于随机前沿分析 (SFA) 方法 [J]. 中国农村经济, 2009 (9): 36 - 47.

266. 沈坤荣, 张璟. 中国农村公共支出及其绩效分析———基于农民收入增长和城乡收入差距的经验研究 [J]. 管理世界, 2007 (1): 30 - 13.

267. 史常亮, 朱俊峰, 揭昌亮. 中国农业全要素生产率增长地区差异及收敛性分析——基于固定效应 SFA 模型和面板单位根方法 [J]. 经济问题探索,

2016（4）：134 – 141.

268. 速水佑次郎，拉坦．农业发展的国际分析 ［M］．北京：中国社会科学出版社，2000.

269. 孙春燕．农村基础设施投资对农村居民消费影响的定量研究 ［J］．武汉理工大学学报（社会科学版），2013，26（2）：209 – 13.

270. 孙致陆，李先德．农业 FDI 提升了中国农业全要素生产率吗——基于面板数据随机前沿函数模型的分析 ［J］．国际商务（对外经济贸易大学学报），2014（3）：54 – 62.

271. 田露，张越杰．吉林省农户养猪生产效率分析 ［J］．吉林农业大学学报，2008（5）：78 – 85.

272. 万广华，张藕香．人力资本与我国农村地区收入差距：研究方法和实证分析 ［J］．农业技术经济，2006（9）：2 – 8.

273. 王红林，张林秀．农业可持续发展中公共投资作用研究——以江苏省为例 ［J］．中国软科学，2002（10）：21 – 25.

274. 王剑程，李丁，马双．宽带建设对农户创业的影响研究——基于"宽带乡村"建设的准自然实验 ［J］．经济学（季刊），2020，19（1）：209 – 232.

275. 王军，杨秀云．改革开放以来中国农业全要素生产率的动态演进及收敛性分析 ［J］．统计与信息论坛，2019，34（11）：59 – 66.

276. 王君萍，阮锋儿．政府公共支出、经济增长与西部农村建设投资关系实证分析 ［J］．中国农业经济问题，2009（1）：13 – 18.

277. 王留鑫，洪名勇．基于随机前沿分析的中国农业全要素生产率增长的实证分析 ［J］．山西农业大学学报（社会科学版），2018，17（1）：30 – 35，64.

278. 王亚飞，张毅，廖甍．外商直接投资对农业全要素生产率的影响：作用机理与经验证据 ［J］．当代经济研究，2019（6）：74 – 86，113.

279. 魏肖杰，张敏新．林业产业集聚对中国林业全要素生产率作用机制——基于动态空间计量模型的实证分析 ［J］．世界林业研究，2019，32（3）：67 – 72.

280. 吴清华，冯中朝，何红英．农村基础设施对农业生产率的影响：基于要素投入的视角 ［J］．系统工程理论与实践，2015，35（12）：3164 – 3170.

281. 席国辉．农村基础设施的减贫效应 ［D］．西北大学，2019.

282. 夏佳佳，余康，郭萍．农业全要素生产率增长的再测算——Malmquist

指数法和 Hicks – Moorsteen 指数法的比较 ［J］. 林业经济问题，2014，34（6）：563 – 567.

283. 许冬兰，于发辉，李丰云. 我国近海捕捞业低碳全要素生产率的空间异质性及影响因素研究 ［J］. 中国渔业经济，2018，36（4）：55 – 63.

284. 延桢鸿，马丁丑. 小麦全要素生产率变化及其影响因素分析——基于全国 15 个小麦主产省份数据的实证研究 ［J］. 上海农业学报，2019，35（4）：114 – 120.

285. 杨春，王明利. 草原生态保护补奖政策下牧区肉牛养殖生产率增长及收敛性分析 ［J］. 农业技术经济，2019（3）：96 – 105.

286. 杨刚，杨孟禹. 中国农业全要素生产率的空间关联效应——基于静态与动态空间面板模型的实证研究 ［J］. 经济地理，2013（33）：122 – 129.

287. 杨琦. 农村基础设施投资是拉动还是挤出了居民消费 ［J］. 南方经济，2018（2）：41 – 60.

288. 杨真，张东辉，张倩. 交通基础设施对农户人力资本投资的影响——基于准自然实验的因果推断分析 ［J］. 人口与经济，2020（2）：74 – 86.

289. 尹朝静. 科研投入、人力资本与农业全要素生产率 ［J］. 华南农业大学学报（社会科学版），2017，16（3）：27 – 35.

290. 尹雷，沈毅. 农村金融发展对中国农业全要素生产率的影响：是技术进步还是技术效率——基于省级动态面板数据的 GMM 估计 ［J］. 财贸研究，2014，25（2）：32 – 40.

291. 袁立. 我国农村地区基础设施投资研究 ［D］. 江西财经大学，2006.

292. 张慧. 我国农村剩余劳动力对农业全要素生产率的影响分析 ［J］. 经济与社会发展，2019，17（2）：14 – 20.

293. 张勋，万广华. 中国的农村基础设施促进了包容性增长吗？［J］. 经济研究，2016，51（10）：82 – 96.

294. 张亦弛，代瑞熙. 农村基础设施对农业经济增长的影响——基于全国省级面板数据的实证分析 ［J］. 农业技术经济，2018（3）：90 – 99.

295. 张永强，周宁，张晓飞. 我国农业全要素生产率及其影响因素研究——基于资源环境约束视角 ［J］. 资源开发与市场，2017，33（6）：672 – 677，720.

296. 张永霞. 中国农业生产率测算及实证研究 [D]. 中国农业科学院, 2006.

297. 赵蕾. 改革以来中国省际农业生产率的收敛性分析 [J]. 南开经济研究, 2007 (1): 107 – 116.

298. 赵周华, 霍兆昕. 农村基础设施建设对贫困民族地区减贫的影响——基于内蒙古 20 个国家级贫困县的实证研究 [J]. 湖北民族大学学报 (哲学社会科学版), 2020, 38 (2): 68 – 76.

299. 郑绍濂, 胡祖光. 经济系统的经济效益度量的综合指标——全要素生产率的研究和探讨 [J]. 系统工程理论与实践, 1986 (1): 33 – 39.

300. 郑晓冬, 方向明, 储雪玲. 农村基础设施对收入不平等的影响研究——基于中西部 5 省 218 个村庄调查 [J]. 农业现代化研究, 2018, 39 (1): 139 – 47.

301. 周鹏飞, 谢黎, 王亚飞. 我国农业全要素生产率的变动轨迹及驱动因素分析——基于 DEA – Malmquist 指数法与两步系统 GMM 模型的实证考察 [J]. 兰州学刊, 2019 (12): 170 – 186.

302. 周应恒, 杨美丽, 王图展. 农村公共事业发展影响农户农业生产性投资的实证分析 [J]. 南京农业大学学报 (社会科学版), 2007 (1): 32 – 37.

303. 朱建军, 常向阳. 地方财政支农支出对农村居民消费影响的面板模型分析 [J]. 农业技术经济, 2009 (2): 32 – 37.

304. 朱晶. 公共投资优化配置的理论与方法——以农业科研公共投资的地区分配为例 [J]. 南京农业大学学报 (社会科学版), 2003 (2): 50 – 55.

305. 祝丽云, 李彤, 赵慧峰. 环境约束下中国乳业供应链全要素生产率测算及其影响因素分析 [J]. 农业技术经济, 2018 (10): 124 – 134.

306. 祖立义, 傅新红, 李冬梅. 我国种植业全要素生产率及影响因素研究 [J]. 农村经济, 2008 (5): 51 – 53.

307. 左永彦, 冯兰刚. 中国规模生猪养殖全要素生产率的时空分异及收敛性——基于环境约束的视角 [J]. 经济地理, 2017, 37 (7): 166 – 174, 215.

后　记

党的十九大报告提出，"坚持质量第一、效益优先，以供给侧结构性改革为主线，推动经济发展质量变革、效率变革、动力变革，提高全要素生产率"。2018 年中央一号文件对实施乡村振兴战略进行了全面部署，强调提升农业发展质量，提高农业创新力、竞争力和全要素生产率，加快实现由农业大国向农业强国的转变。农业全要素生产率是衡量农业发展质量的重要指标。随着信息化和数字经济的发展，围绕基础设施和农业高质量发展还有着广阔的研究空间。近年来，全要素生产率估计方法不断发展，从参数方法到非参数、半参数方法，新的研究技术不断涌现，微观和宏观层面的研究数据日益丰富，希望在未来砥砺前行，有更多的研究成果回馈社会。

本书是在我的博士论文的基础上修订完成的，感谢我的导师华南理工大学工商管理学院李定安教授多年来给予我的悉心指导和亲切关怀。

感谢香港理工大学 Vincent Mok 博士引领我进入全要素生产率的研究领域，在参与其课题研究中为我提供了软件、文献、研究方法和写作的指导。

感谢我的工作单位华南农业大学经济管理学院的培养和支持！

李宗璋

2020 年 8 月于广州